高职高专公共基础课教材

# 新时代大学生文明礼仪规范教程

主　编　邵文祥

副主编　李　强　王生亮　李　静

参　编　宋　情　韩　博　邵　晶

西安电子科技大学出版社

## 内 容 简 介

本书共六章，主要阐释了开展新时代大学生文明礼仪规范教育的必要性及行为、语言、仪容仪态等方面的文明规范，阐明了创建文明校园的意义和标准，从德、智、体、美、劳等方面对新时代大学生践行文明礼仪的核心要素进行了详细阐释。

本书可作为高职高专教材，也可供有相关需求的读者学习使用。

**图书在版编目(CIP)数据**

新时代大学生文明礼仪规范教程 / 邵文祥主编. —西安：西安电子科技大学出版社，2020.9(2025.8 重印)
ISBN 978–7–5606–5879–7

Ⅰ. ① 新… Ⅱ. ① 邵… Ⅲ. ① 大学生—礼仪—高等职业教育—教材
Ⅳ. ① G645.5

中国版本图书馆 CIP 数据核字(2020)第 166256 号

策　　划　秦志峰
责任编辑　秦志峰
出版发行　西安电子科技大学出版社(西安市太白南路 2 号)
电　　话　(029)88202421　88201467　　邮　　编　710071
网　　址　www.xduph.com　　电子邮箱　xdupfxb001@163.com
经　　销　新华书店
印刷单位　陕西天意印务有限责任公司
版　　次　2020 年 9 月第 1 版　2025 年 8 月第 7 次印刷
开　　本　787 毫米×960 毫米　1/16　　印　　张　11
字　　数　185 千字
定　　价　35.00 元
ISBN 978-7-5606-5879-7

**XDUP 6181001-7**

# 前　　言

为规范新时代大学生文明礼仪行为，破解大学生文明礼仪失范难题，构建学校全员育人、全方位育人、全过程育人的大思政教育格局，贯彻党的教育方针，落实立德树人根本任务，包头轻工职业技术学院成立了《新时代大学生文明礼仪规范教程》教材编写组。经过近四个月的紧张工作，教材编写组的老师们集中编写了本书。本书守正创新，既对文明礼仪的历史轨迹进行了追溯，又凸显了时代特色，做到讲练一体，以全面提升新时代大学生文明礼仪素养。

全书共六章，第一章是新时代大学生文明礼仪规范教育概述，介绍了新时代大学生文明礼仪规范教育的意义及新时代中华文明的传承等内容。第二章是新时代大学生行为文明规范，主要从校园、公共场所、大型活动、网络等方面提出了规范。第三章是新时代大学生语言文明规范，重点阐述了校园语言和网络语言的规范。第四章是新时代大学生仪容仪态文明规范。第五章是新时代文明校园的创建，阐明了创建文明校园的意义、标准及行为规范。第六章是新时代大学生践行文明礼仪的核心要素，从德、智、体、美、劳等方面进行了详细阐释。

包头轻工职业技术学院邵文祥老师担任本书主编，并编写了绪论和第一章，约 4.4 万字；李静老师编写了第二章，约 4.2 万字；韩博老师编写了第三章，约 2.3 万字；邵晶老师编写了第四章，约 1.2 万字；宋情老师编写了第五章，约 1.7 万字；王生亮老师编写了第六章，约 3.3 万字；李强老师编写了附录，约 1.2 万字。李强和王生亮老师负责统稿工作。邵文祥老师对全书的内容进行了详细的修改和审定。

本书在编写过程中参阅了大量文献，在此对相关文献的作者表示感谢！

由于编者水平有限，书中难免有不妥之处，敬请广大读者提出宝贵意见和建议，以便今后更好地修订完善。

编　者

2020 年 6 月

# 目 录

# 绪　论

青少年阶段是人生的“拔节孕穗期”，是世界观、人生观和价值观形成并逐步走向成熟的重要时期。大学生是青少年的主力军，“三观”问题事关他们今后走什么样的路，成为什么样的人。所以大学阶段就成为培养社会主义建设者和接班人这一根本任务至关重要的阶段，其关键是要教育引导学生树立正确的世界观、人生观和价值观。

毋庸讳言，现在大学校园里有的青年学生存在政治信仰不坚定、理想信念模糊、价值观扭曲、社会责任感缺失、真善美分辨不清等事关人生方向的大问题，有的青年学生存在待人接物缺乏最基本的礼貌礼数、公共场合大声喧哗而毫无顾忌、随地乱扔垃圾、考试作弊、上课睡觉、玩手机等事关个人形象素质的小问题。这些问题无论是哪方面的，倘若听之任之，食其恶果的不单单是某个人、某个家庭，而一定是全社会和整个国家。

在阶级社会中，任何教育都具有阶级性。中国特色社会主义教育的阶级属性就体现在教育是为人民服务、为中国共产党治国理政服务、为巩固和发展中国特色社会主义制度服务、为改革开放和社会主义现代化建设服务的。人民满意的教育是什么？说到底就是要培养担当民族复兴大任的时代新人，培养德、智、体、美、劳全面发展的中国特色社会主义事业合格建设者和可靠接班人。也就是说，新时代高校“教育的关键”是要用习近平新时代中国特色社会主义思想铸魂育人，用“四个自信”明心立志，以社会主义核心价值观为引领，以思想政治工作为抓手，教育引导莘莘学子“做有理想、有追求的大学生，做有担当、有作为的大学生，做有品质、有修养的大学生”。

思想是魂，礼仪是形。编写新时代大学生文明礼仪规范教程，必须特别注重思想性、理论性、针对性和亲和力，帮助学生认识人生应该在哪儿用力、对谁用情、如何用心、做什么样的人；必须坚持政治性和学理性相统一，坚持价值性和知识性相统一，坚持建设性和批判性相统一，坚持理论性和实践性相统一，坚持统一性和多样性相统一，坚持主导性和主体性相统一，坚持灌输性和启发性相统一，坚持显性教育和隐性教育相统一。

教育是民族振兴、社会进步的重要基石，是党之大计、国之大计。“源浚者流长，根深者叶茂。”思想政治工作是学校各项工作的生命线，思想政治理论课是落实立德树人根本任务的关键课程。不管什么时候，我们为党育人的初心不能忘，为国育才的使命不能变，只要我们坚持立德树人、培根铸魂，咬定青山不放松，就一定能培养好担当民族复兴大任的时代新人，为实现亿万人民的伟大梦想筑牢坚实的、合格的人才基础。

# 第一章　新时代大学生文明礼仪规范教育概述

青年是祖国的未来、民族的希望。大学生作为青年中的中坚力量，是我们党和国家宝贵的人才资源，是中国特色社会主义事业的建设者和接班人。

作为新时代的大学生，要始终回应时代的召唤，不仅要从书本上认真学习社会主义核心价值观的理论知识，而且要善于用它武装头脑，逐渐内化成自己的精神追求，更要坚持知行合一，不论是在学校、家庭、社会，还是在学习、生活、工作的各个领域、各个层面都要自觉地去践行，这样才能不断提高自身素养，使自己成为对社会有用的人。

要真正肩负起建设社会主义现代化强国、实现中华民族伟大复兴中国梦的新时代使命，必须有坚定的理想信念、坚韧不拔的革命意志。对新时代大学生进行文明礼仪规范教育，是树立、践行社会主义核心价值观的重要手段，是带领并推动中华民族提高文明素养的重要力量。大学生文明礼仪的规范程度在一定层面上反映着社会主义核心价值观的践行程度。

# 第一节　新时代大学生文明礼仪规范教育的意义

文明礼仪有利于形成价值共识。文明礼仪反映的是人的行为规范和人格素质，是高尚人格修养和良好精神品质的自觉外化。虽然不同地域、不同人群对文明礼仪的认知深度和表现程度有所差异，但其总体认知目标和个体认知目标所指向的核心价值是趋于一致的。以文明礼仪为切入点，容易被最广泛阶层和最广大群体所接受与认可，促进社会主义核心价值观所倡导的价值取向成为社会共识。

文明礼仪是一种教养。良好的教养不仅来自家庭和学校，也得之于自身的学习和自觉养成。通过文明礼仪教育，可以加强大学生对社会主义核心价值观的价值认同，也是巩固积极主流意识形态的需要。以文明礼仪教育这种形象化、生活化、简洁化的形式培育社会主义核心价值观更具实效性。大学生通过礼仪、礼貌、礼节的学习，以及对穿插于其中的中国传统礼仪文化的缅怀、共鸣，能够激发对传统礼仪与社会主义核心价值观的认知、对比和思考，进而认同。通过文明礼仪教育，促进大学生自觉践行社会主义核心价值观，是一种从社会外在要求向个体内在价值转化的过程。文明礼仪教育是一种注重实践活动的教育，很多礼节、仪式都需要在理论认知的基础上，进行反复训练，才能内化成行为习惯。

## 一、全面把握文明礼仪的时代性

中国特色社会主义进入新时代，不仅意味着中国共产党向包括大学生在内的全国各族人民发出了实现中华民族强起来的动员令和宣言书，而且也开启了中华民族从站起来、富起来到强起来的新征程。在民族复兴和强起来的目标引领下，新时代大学生责无旁贷地成为这一历史责任的肩负者，成为新时代中国特色社会主义事业的建设者和接班人。

### 1. 中国进入了新时代

中国特色社会主义进入了新时代，不仅明确了我们国家发展新的历史方位，赋予了我们党的历史使命、理论遵循、目标任务以新的时代内涵，而且为每一位中华儿女明确了时代坐标、指明了发展方向。广大青年学生生逢其时，也重任在肩。青年一代有理想、有本领、有担当，国家就有前途、民族就有希望。中华民族伟大复兴的中国梦终将在一代代青年的接力奋斗中变为现实。作为新时代青年学生，要努力成为担当民族复兴大任的时代新人，在实现中华民族伟大复兴中国梦的征程中奉献青春和智慧。

(1) 新时代中国青年要树立远大理想。

新时代大学生的理想信念关乎国家未来。青年理想远大、信念坚定，是一个国家、一个民族无坚不摧的前进动力。青年志存高远，就能激发奋进潜力，青春岁月就不会像无舵之舟漂泊不定。正所谓“立志而圣则圣矣，立志而贤则贤矣”(〔明〕王阳明《教条示龙场诸生》)。青年的人生目标会有不同，职业选择也会有差异，但只有把自己的小我融入祖国的大我、人民的大我之中，与时代同步伐、与人民共命运，才能更好地实现人生价值、升华人生境界。离开了祖国需要、人民利益，任何孤芳自赏都会陷入越走越窄的狭小天地。

新时代中国青年要树立对马克思主义的信仰、对中国特色社会主义的信念、对中华民族伟大复兴中国梦的信心，到人民群众中去，到新时代新天地中去，让理想信念在创业奋斗中升华，让青春在创新创造中闪光！

(2) 新时代中国青年要热爱伟大祖国。

公民履行《中华人民共和国宪法》规定的义务是爱国的重要表现。孙中山先生曾说：“义务，也是一种高级的文明。”“做人最大的事情，就是要知道怎么样爱国。”一个人不爱国，甚至欺骗祖国、背叛祖国，那在自己的国家、在世界上都是最丢脸的，也是没有立足之地的。对每一个中国人来说，爱国是本分，也是职责，是心之所系、情之所归。当代中国，爱国主义的本质就是坚持爱国和爱党、爱社会主义的高度统一。

新时代中国青年要听党话、跟党走，胸怀忧国忧民之心、爱国爱民之情，以一生的真情投入、一辈子的顽强奋斗来体现爱国主义情怀，让爱国主义的伟大旗帜始终在心中高高飘扬！

(3) 新时代中国青年要担当时代责任。

时代呼唤担当，民族复兴是青年的责任。鲁迅先生说：“青年所多的是生力，遇见深林，可以辟成平地的，遇见旷野，可以栽种树木的，遇见沙漠，可以开掘井泉的。”(《鲁迅全集》3 卷 59 页)在实现中华民族伟大复兴的新征程中，应对重大挑战、抵御重大风险、克服重大阻力、解决重大矛盾，迫切需要迎难而上、挺身而出的担当精神。只要青年都勇挑重担、勇克难关、勇斗风险，中国特色社会主义就能充满活力、充满后劲、充满希望。青年要保持初生牛犊不怕虎、越是艰险越向前的刚健勇毅，勇立时代潮头，争做时代先锋。一切视探索尝试为畏途、一切把负重前行当吃亏、一切“躲进小楼成一统”(鲁迅《自嘲》)逃避责任的思想和行为，都是极端错误和不负责任的，既愧对“青年”“年轻”这些词，也难以真正获得快乐人生。

新时代中国青年要珍惜这个时代、担负时代使命，在担当中历练，在尽责中成长，让青春在新时代改革开放的广阔天地中绽放出绚丽多姿的光彩，让人生在实现中国梦的奋进追逐中展现出勇敢奔跑的英姿，努力成为德、智、体、美、劳全面发展的社会主义建设者和接班人！

(4) 新时代中国青年要勇于砥砺奋斗。

奋斗是青春最亮丽的底色。“自信人生二百年，会当水击三千里。”(毛泽东《七言·残句》)民族复兴的使命要靠奋斗来实现，人生理想的风帆要靠奋斗来扬起。没有广大人民群众特别是一代代青年前赴后继、艰苦卓绝的接续奋斗，就没有中国特色社会主义新时代的今天，更不会有实现中华民族伟大复兴的明天。千百年来，中华民族历经苦难，但没有任何一次苦难能够打垮我们，最后都推动了我们民族精神、意志、力量的一次次升华。今天，我们的生活条件好了，但奋斗精神一点都不能少，中国青年永久奋斗的好传统一点都不能丢。在实现中华民族伟大复兴的新征程中，必然会有艰巨繁重的任务，必然会有艰难险阻甚至惊涛骇浪，这就特别需要我们发扬艰苦奋斗的精神。奋斗不是响亮的口号，而是要在做好每一件小事、完成好每一项任务、履行好每一项职责中见精神。奋斗的道路不会一帆风顺，往往荆棘丛生、充满坎坷。强者，总是在挫折中不断奋起、永不气馁。

新时代中国青年要勇做走在时代前列的奋进者、开拓者、奉献者，毫不畏惧地面对一切艰难险阻，在劈波斩浪中开拓前进，在披荆斩棘中开辟天地，在攻坚克难中创造业绩，用青春和汗水创造出让世界刮目相看的新奇迹！

(5) 新时代中国青年要练就过硬本领。

青年是苦练本领、增长才干的黄金时期。“少壮不努力，老大徒伤悲。”(〔汉〕乐府《乐府诗集·长歌行》)“莫等闲，白了少年头，空悲切。”(〔宋〕岳飞《满江红·写怀》)“青春虚度无所成，白首衔悲亦何及。”(〔唐〕权德舆《放歌行》)古往今来的这些名言警句都在提醒青年人尤其是青年学生要倍加珍惜人生中最宝贵的时期，刻苦学习本领。当今时代，知识更新不断加快，社会分工日益细化，新技术新模式新业态层出不穷。这既为青年施展才华、竞展风采提供了广阔舞台，也对青年能力素质提出了新的更高要求。不论是成就自己的人生理想，还是担当时代的神圣使命，青年都要珍惜韶华、不负青春，努力学习并掌握科学知识，提高内在素质，锤炼过硬本领，使自己的价值取向、思维视野、知识结构、认识水平等跟上越来越快的时代发展步伐。

新时代中国青年要增强学习紧迫感，如饥似渴、孜孜不倦地学习，努力学习马克思主义立场观点方法，努力掌握科学文化知识和专业技能，努力提高人文素养，在学习中增长知识、锤炼品格，在工作中增长才干、练就本领，以真才实学服务人民，以创新创造贡献国家！

(6) 新时代中国青年要锤炼品德修为。

人无德不立，品德是为人之本。止于至善，是中华民族始终不变的人格追求。我们要建设的社会主义现代化强国，不仅要在物质上强，更要在精神上强；精神上强，才是更持久、更深沉、更有力量的。中华民族的伟大复兴，就是中华文明的复兴，涵盖了经济、政治、思想文化、科学技术等诸多方面。新时代中国青年要把正确的道德认知、自觉的道德养成、积极的道德实践紧密结合起来，不断修身立德，打牢道德根基，在人生道路上走得更正、走得更远。面对复杂的世界百年未有之大变局，要明辨是非、恪守正道；面对外部诱惑，要保持定力、严守规矩，用勤劳的双手和诚实的劳动创造美好生活；面对美好岁月，要有饮水思源、懂得回报的感恩之心，感恩党和国家，感恩社会和人民；面对困难挫折，要铸就坚定而崇高的信仰，运用聪明的智慧，树立顽强的意志，踏平坎坷成大道，创造人生的辉煌。

新时代中国青年要自觉树立和践行社会主义核心价值观，善于从中华民族传统美德中汲取道德营养，从英雄人物和时代楷模的身上感受道德风范，从自身内省中提升道德修为，明大德、守公德、严私德，自觉抵制拜金主义、享乐主义、极端个人主义、历史虚无主义等错误思想，追求更有高度、更有境界、更有品位的人生，让清风正气、蓬勃朝气遍布全社会！

### 2. 新时代赋予文明礼仪新内涵

在中华民族数千年的发展历程中，礼制、礼俗仪式逐渐体系化且一以贯之，成为中华文明的重要基因，对增强中华民族凝聚力、维护社会安定祥和、提升民众文化素质、塑造民族形象和提升民族影响力发挥着重要作用。

懂“礼”讲“仪”是中华民族世代相传的优良传统。礼仪是人类文明的产物，它随着社会的发展和进步逐渐形成，随着时代的发展而不断变化。

(1) 中华文明礼仪与时偕行、随时损益。

中华文明五千年绵延不绝，是世界文明史上唯一没有中断的文明。曾经辉煌一时的埃及、巴比伦和印度的古文明，都在历史的长河中黯然湮灭。在这些地区后来兴起的文明与原来的古文明并不存在相同的血脉，唯有东亚大陆崛起的中华文明，如高山上的涓涓细流，几经跌宕，从未中绝，一脉相承，自成体系，成为世界上“连续性文明”的典范，被誉为人类文明史上的伟大奇迹。这一点，充分体现了中华文明强劲的传承力和非凡的凝聚力。

中华文明礼仪的与时偕行、随时损益是与中华民族的形成、兴旺同步发展起来的，是中华民族各族儿女在漫长的历史进程中共同创造的。在中华文明礼仪几千年的发展过程中，爱国主义一直是其永恒主题，是中华民族凝聚力的内核和灵魂，是各民族团结和国家统一的精神纽带。

中华文明礼仪的与时偕行、随时损益是逐渐累积丰富的。中华文明礼仪随着时代的发展而不断累积。这种累积主要体现在三个方面：一是由文字记载而形成的大量书面文献资料；二是众多的实物，包括器物、遗迹、遗址等；三是由人们口口相传下来的记忆。中华文明礼仪能够在浩如烟海的历史典籍中保存着，其本身就是一种高度发达的文明现象。

中华文明礼仪的与时偕行、随时损益是在统一与分裂、兴盛与衰落中交替演进的，但以统一和兴盛为常态，以分裂和衰落为变态。秦代首创了大一统模式，以后各朝代对这一模式不断进行补充、修复和完善。汉王朝大气磅礴，实现了疆土、经济、政治乃至思想的大一统，显示了朝气蓬勃的气象。从此，大一统意识在中华民族各族人民的心中扎根，中华文明礼仪的兴衰也就随着统一与分裂的交替而不断交替。

中华文明礼仪的与时偕行、随时损益是适度开放、兼收并蓄的。中华文明具有开放性和包容性，中华文明礼仪也是如此，能够在开放中吸收异质文明礼仪、在包容中消化异质文明礼仪、在多元融会中升华自身。在中华思想文化发展史上，无论宗派、流派如何众多，都能经过一代又一代思想家的努力，兼综和合、融会贯通，最终形成同中有异、异中有同、你中有我、我中有你的多元统一的思想文化体系，化为推动中国历史前进的强大精神力量。

(2) 新时代中华文明礼仪传承创新。

中华文明礼仪潜移默化地影响着国人的思维方式和行为方式。无论在哪个时期，何种情况下，我们都必须把中华文明礼仪这个宝藏维护好、挖掘好、利用好，绝不能抛弃传统、丢掉根本，绝不能割断自己的精神命脉。中华礼制、礼俗的合理内涵历久弥新，可以从中发掘中华文化的精气神、发掘建构中华民族精神家园的重要资源。

新时代开展文明礼仪规范教育，就是要践行体现中国社会主义现代化强国建设目标的“富强、民主、文明、和谐”，彰显反映中国特色社会主义基本属性的“自由、平等、公正、法治”，恪守概括基本道德准则的“爱国、敬业、诚信、友善”的社会主义核心价值观。

历史不能复制，精神可以传承。把握中华文明礼仪的精神内核，发挥中华文明礼仪的现实效用，有助于重现历史沉淀的精神瑰宝之光彩，增强民众的文化认同感和向心力；也有助于提升我国的文化软实力，增强我国在国际上的话语权，为中华民族伟大复兴提供强大的文化支撑。

## 二、深刻认识文明礼仪的重要性

文明礼仪在中国源远流长，礼仪文化是中国传统文化的重要组成部分。中国特色社会主义文化，源自中华民族五千多年文明历史所孕育的中华优秀传统文化。在建设富强、民主、文明、和谐、美丽的社会主义现代化强国的伟大征程中，没有高度的文化自信，没有文化的繁荣兴盛，就算不上中华民族的伟大复兴。提升大学生的文明礼仪素养不仅是建设中国特色社会主义文化的有机组成部分，也是构建社会主义和谐社会的必然要求部分。大学生增强对传统和现代文明礼仪重要性的认识，在生活中自觉弘扬优秀的礼仪文化，不仅可以提高自身的综合素质，还可以为当前的学习和生活乃至日后走上工作岗位建立良好的人际关系提供帮助。

### 1. 文明礼仪的概念

文明在于心，礼仪在于行。文明支配并主导礼仪，礼仪是文明的一种表现形式。不同时期产生的文明不同，礼仪规范也不同；不同民族即使在同一时期产生的文明不同，礼仪规范也不尽相同。

(1) 文明的概念。

汉语“文明”一词，最早出自《易经》——“见龙在田，天下文明”。在现代汉语中，文明指一种社会进步状态，与“野蛮”一词相对立。

学术界使用的“文明”一词，在不同的情况下具有不同学科方面的侧重或偏向。

哲学意义上的文明，例如在黑格尔的理论中，文明不啻是“绝对理念”的展现；而一般的哲学著作或许倾向于把文明看成人类的精神特质或禀赋，它把个体的人相互连接起来。

社会学意义上的文明，把文明理解为人类作为群体的组织、结构、权力分配和生活方式的发展过程及其结果。

心理学意义上的文明，认为人类的行为习惯及其相应的观念经历了改善性的变化，从粗野、肮脏走向文雅、礼貌、卫生。

人类学意义上的文明，指的是人类奠基于长期积累的知识和技术之上的行为方式；有的学者还用文明对文化做类属的划分，也就是以某种文化或族群为中心区分不同的文化复合体。

政治经济学意义上的文明，侧重的是以生产方式为核心的人类社会形态，如早期文明研究中的陶泥文明、农耕文明，现代文明研究中的农业文明、工业文明等。

从意识形态着眼使用的“文明”，有西方文明、东方文明、资本主义文明、社会主义文明等。

关于“文明”的定义，可以说是众说纷纭、莫衷一是，其差异既体现在对文明及其内涵所涉及的概念的不同理解上，也体现在对同一概念在不同的历史语境和背景下的理解上。马克思、恩格斯立足于历史唯物主义的世界观和方法论，围绕物质资料生产方式和社会基本矛盾演变这一核心，在深入考察人类社会发展，特别是在揭示资本主义及人类社会发展规律的过程中使用并诠释了文明的概念。

其一，文明是对社会生产与实践领域积极成果的反映，这突出表现在不同文明时代生产力的发展水平上。马克思、恩格斯批判西方哲学将文明视为纯粹精神的运用和演变，即“迅速前进的文明完全被归功于头脑，归功于脑的发展和活动”的历史唯心主义文明观，明确指出“文明是实践的事情，是社会的素质”，马克思曾多次把“已获得的生产力”视为“文明的果实”，而且认为文明的一切进步，就是“社会生产力的任何增长”。

其二，文明是以所有制形式为标志的人类社会发展历史阶段，既包括存在着私有制和阶级剥削的“文明时代”，也包括人类跨越存在剥削和压迫阶段，而真正实现了人的解放的社会主义——共产主义阶段。列宁认为“走向社会主义”是文明的前提，“只有无产阶级专政，只有社会主义国家才能够达到而且已经达到了高度的文明。”(《列宁全集》第38卷)

其三，人类文明进程的重要任务是促使劳动者和劳动资料相结合，消灭奴役性质的劳动，实现自主劳动。马克思、恩格斯在《德意志意识形态》中对劳动在文明进程中的基础性地位进行了生动的描述。“文明是消灭奴役劳动、实现自主劳动的历史进程。”“人们为了能够‘创造历史’，必须能够生活。但是为了生活，首先就需要吃喝住穿以及其他一些东西。因此第一个历史活动就是生产满足这些需要的资料，即生产物质生活本身。”“生产物质生活”的过程就是劳动。

其四，文明创造的主体力量是劳动人民、无产阶级。马克思在《1844 年经济学哲学手稿》中指出，文明是由“工人创造的成果”。列宁指出，“无产阶级用事实表明，它是而且只有它才是现代文明的支柱。”(列宁《革命的日子》) 另外，文明进步还集中表现为劳动人民素质的提高，马克思在《资本论》中指出，“因为要多方面享受，他就必须有享受的能力，因此他必须是具有高度文明的人”。

综上所述，文明是有史以来沉淀下来的，有益增强人类对客观世界的适应和认知、符合人类精神追求、能被绝大多数人认可和接受的人文精神、发明创造以及公序良俗的总和；是使人类脱离野蛮状态的所有社会行为和自然行为构成的集合；是人类文化发展的成果，是人类改造世界的物质成果和精神成果的总和，也是人类社会进步的象征。

(2) 礼仪的概念。

“礼仪”一词由“礼”和“仪”组成。“礼”是通过特定形式体现的特殊意义，“仪”是体现特殊意义的特定形式。“仪”就是人体现“礼”的意义的行为。“礼”在我国古籍中内容十分丰富，既是教育的指导思想，又是教育实践的重要内容，几乎涵盖我国传统文化的全部内容。“礼”最初是原始社会祭神祈福、敬拜祖先的一种祭祀仪式，随后演化为原始社会的是非善恶、长幼尊卑等社会道德价值与伦理关系。“礼”在夏商周三代开始典制化，春秋战国时期，通过诸子百家的大力推行，达到成熟。“仪”在古代很多时候都同“礼”相近，但与“礼”相比，内容更为具体。也有人说，中国传统文化就是礼仪文化。

古代的“礼”与“仪”几乎把宗教、法律、风俗、礼仪都结合在一起，并与伦理道德自然地合在一起。如果说传统意义上的“礼”是一种涵盖一切制度、法律和道德的社会行为规范，那么今天的“礼”则仅仅是对礼貌和相关活动的礼仪形式而言的；而“仪”是在人际交往中以一定的、约定俗成的程序、方式来表现的律己、敬人的过程。

从个人修养的角度看，礼仪是一个人内在修养和素质的外在表现。从交际的角度看，礼仪是人际交往中适用的一种艺术、一种交际方式或交际方法，是人际交往中约定俗成的示人以尊重、友好的习惯做法。从传播的角度看，礼仪是在人际交往中进行相互沟通的技巧。礼仪可大致分为政务礼仪、商务礼仪、服务礼仪、社交礼仪、涉外礼仪等五大分支。各分支礼仪内容都是相互交融的，大部分礼仪内容都大体相同。从个人的角度看，礼仪的主要功能一是有助于提高人们的自身修养；二是有助于美化自身、美化生活；三是有助于促进人们的社会交往，改善人际关系；四是有助于净化社会风气，促进社会和谐发展。

(3) 文明礼仪的概念。

文明礼仪是经过历史沉淀下来的，使人类脱离野蛮状态的所有社会行为和自然行为在长期共同生活和相互交往中逐渐形成并以风俗、习惯和传统等方式固定下来的，要求人们共同遵守的最基本的道德规范。文明礼仪是社会主义先进文化的重要组成部分。文明是魂，礼仪是形，文明在于心，礼仪在于行。文明支配并主导礼仪，礼仪是文明的外在表现。

### 2. 文明礼仪的特征

(1) 时代性。

礼仪是随着时代发展而发展变化的，不同的时代有不同的礼仪。随着社会的不断进步，人际交往日益频繁，经济活动量大且密集，礼仪已浸透到人们日常生活的各个领域，而且其内容日益丰富发展。

(2) 规范性。

礼仪的规范性主要体现在礼仪作为人们日常行为的规范准则，对人们的举止、谈吐以及交往等各个方面的约束和规范作用上。

(3) 操作性。

礼仪的规范是符合实际的、切实可行的，从以人为本的角度出发，突出了人人都能学，只要愿意，人人都能做到的特点，譬如在待人接物上，哪些该做，哪些不该做，礼仪都有着明确的操作规范。

(4) 差异性。

礼仪的外在形式表现为民俗以及习惯等。由此不难看出，礼仪会因为区域、文化传统、信仰以及气候等因素的不同而不同。人们常说的“十里不同风，百里不同俗”，讲的就是这个道理。因此，人们在交往中，就需要强化对彼此的了解与尊重。

(5) 国际性。

礼仪是一种特殊的文化现象，具有共同遵守的特性，是全人类的共同财富。

它可以超越国家和地区的界限，成为世界各国人民所共同拥有和遵守的行为规范和准则。虽然不同国家、不同地域、不同民族、不同社会制度的人们所形成的具体礼仪有一定的差异，但相互尊重、平等相待、言行文明等基本精神，早已成为世界各国人民所普遍接受并共同遵守的行为规范和准则。

(6) 民族性。

礼仪作为某一特殊群体的行为规范和准则，在具有诸多共性的同时，也有与生俱来的一些较为明显的民族差异。如东方人和西方人见面都有握手的习惯，但东方人见面时还习惯于拱手、鞠躬等，而西方人则喜欢拥抱、亲吻等。

(7) 继承性。

礼仪的出现、形成、发展和完善是历史发展的产物，它是经过不同时代一步步剔除糟粕、去粗取精，经过历代演变发展而来的。某种礼仪一旦形成，就成了人们普遍遵守的行动规范，通常会世代沿袭，经久不衰。比如，尊老爱幼、孝敬父母、礼尚往来等一些反映民族传统美德的礼仪，都会代代传承并发扬光大。

### 3. 礼仪的分类

(1) 中国古代礼仪分类。

① 中国古代礼仪按内容划分为吉礼、凶礼、军礼、宾礼、嘉礼五类，称为“五礼”。

吉礼：有关祭祀的典礼，列五礼之首，因为祭祀活动于古人十分重大，关系到国家安危、百姓平安。《周礼·春官宗伯》云：“凡国之大事，治其礼仪，以佐宗伯。”祭祀的对象包括天地、鬼神、社稷、祖先等。

凶礼：有关丧葬的礼仪，也包括对天灾人祸的哀吊等。

军礼：有关军事活动的典礼，包括校阅、出师献捷、田猎等活动时的礼仪。当时，帝王无论出征、巡幸、狩猎，还是营建城邑，但凡动用军队，必祭告于神。

宾礼：一般指诸侯对天子的朝觐，各诸侯国之间的聘问和会盟时的种种礼节。

嘉礼：古代礼仪内容中最为庞杂的一种礼仪，它涉及王位承袭、宴请宾朋、日常生活等多方面的内容，又可分为冠礼、婚礼、射礼、宴礼、立储等。

② 中国古代礼仪按类型划分为政治礼仪和生活礼仪两类。

政治礼仪：包括祭天、祭地、祭宗庙、祭先师先圣、尊师乡饮酒礼、相见礼、军礼等。

生活礼仪：按荀子的说法有“三本”，即“天地生之本”“先祖者类之本”“君师者治之本”。在礼仪中，丧礼的产生最早。丧礼于死者是安抚其鬼魂，于生者则成为分长幼尊卑、尽孝正人伦的礼仪。

(2) 现代礼仪分类。

① 现代礼仪按应用范围分为政务礼仪、商务礼仪、服务礼仪、社交礼仪、涉外礼仪等五类。

政务礼仪：国家公务员在行使国家权力和管理职能时所必须遵循的礼仪规范。

商务礼仪：在商务活动中体现相互尊重的行为准则。商务礼仪的核心是一种行为准则，用来约束我们日常商务活动的方方面面。商务礼仪的核心作用是为了体现人与人之间的相互尊重。

服务礼仪：服务行业的从业人员应具备的基本素质和应遵守的行为规范。它主要适用于服务行业的从业人员、经营管理人员、商界人士、职场人士、企业白领等从事服务工作的人士。

社交礼仪：人们在人际交往过程中所具备的基本素质、交际能力等。社交在当今社会人际交往中发挥的作用愈显重要。

涉外礼仪：在长期的国际往来中，逐步形成的外事礼仪规范，也就是人们参与国际交往所要遵守的惯例，是约定俗成的做法。它强调交往中的规范性、对象性、技巧性。

② 现代礼仪按类别分为日常生活礼仪、节俗节庆礼仪、商务礼仪、其他礼仪等四类。

日常生活礼仪：包括见面礼仪、介绍礼仪、交谈礼仪、宴会礼仪、会客礼仪、舞会礼仪、馈赠礼仪及探病礼仪。

节俗节庆礼仪：包括春节礼仪、清明礼仪、端午礼仪、重阳礼仪、中秋礼仪及结婚礼仪、祝寿礼仪、殡葬礼仪。

商务礼仪：包括会议礼仪、谈判礼仪、迎送礼仪及谈判禁忌知识等。

其他礼仪：包括公关礼仪、公务礼仪、家居礼仪和求职礼仪等。

本书紧紧围绕培养中国特色社会主义事业的建设者和接班人这一目标，结合大学生学习、生活、成长的实际，从新时代大学生行为文明规范、语言文明规范和仪容仪态文明规范三个方面展开介绍。

#### 4. 文明礼仪遵循的原则

在社会生活中，文明礼仪应遵循的主要原则有敬人原则、自律原则、适度原则、真诚原则和宽容原则等。

(1) 敬人原则。

在各种场合和各种类型的交往活动中，人们必须以相互尊重为前提，尊重对方的人格，不有意伤害和侮辱对方，不损害对方的利益，同时，又要保持一定的尊严和自尊，以恰当的方式维护自己的人格和利益，不卑不亢。特别是在涉外交往中，由于各民族礼仪存在着一定的差异，交往时既要尊重对方的人格和利益，又要维护自己的人格和国格。彼此相互尊重，才能保持愉快、和谐的人际关系。在国际交往中，几个“不问”是值得注意的，即不问年龄、婚否、工资、经历、家庭住址、宗教信仰以及政治观点等。“己所不欲，勿施于人”(《论语·颜渊》)也是对他人尊重的体现。

(2) 自律原则。

俗话说严于律己，宽以待人，就是在交往过程中要克己、慎重，经常自我对照、自我反省、自我约束，时时检查自己的言行是否符合文明礼仪规范。

(3) 适度原则。

文明礼仪强调恰当地把握一个度，即适度性。在不同的场合，对不同的对象，都应把握好与特定环境相适应的彼此间的感情尺度、行为尺度，既要热情大方，又不能轻浮谄谀；既要彬彬有礼，又不能低三下四，始终做到落落大方，不卑不亢。

(4) 真诚原则。

诚实是一种真实无妄、表里如一的品格，也是道德礼仪的根本。守信是一种诚实不欺、遵守诺言的品格。诚信的内容和要求是多方面的，但最基本的是以诚待人、言而有信。

(5) 宽容原则。

宽容就是心胸宽广，对非原则性的问题不斤斤计较，这是促进个人与他人和谐相处必不可少的条件。在人际交往中，由于性格、经历、文化和修养等差异，产生人际矛盾是不可避免的，这时就要遵循宽容原则，即宽以待人、求同存异、相互包容。宽容对于协调个人与他人的关系具有重要的意义，它有助于扩大交往空间，也有助于消除人际间的紧张和矛盾。当然，宽容不等于无原则地退让和妥协，要善于把宽容与姑息迁就区别开来。

**5. 文明礼仪的功能**

文明礼仪是德育的实践性载体，更是一种体验式的德育活动。自古以来，任何社会的文明都离不开礼仪的作用。文明礼仪在日常生活和交往过程中规范人类的行为和社会的秩序，使人们能够感受到人性的美好，对于人际关系和谐、社会风气转变、精神文明建设起到了越来越重要的促进作用。文明礼仪的功能主要体现在以下五个方面。

(1) 美化形象。

礼仪也是一种美，体现在仪表美、言行美、环境美和作风美等，构成了组织和个人的美好形象。礼仪虽然不能在本质上改变一个人与生俱来的容貌，但可以帮助人们实现内涵的美，产生比美貌更难以抗拒的气质和魅力。礼仪可以使人拥有光鲜的仪容、大方的着装、端庄的举止、文雅的谈吐、亲和的姿态和自信的形象。如果一个人衣冠不整、举止失礼、语言粗俗、邋遢肮脏，就会令人生厌。

(2) 规范行为。

礼仪概念中的“仪”包含了对表现形式的约束和对秩序的遵守，这些秩序约束是在某一个特定的范围或社会环境的约定俗成和共同认定的基础上形成的一些共同使用的习惯或相处方式。这些习惯和方式以某种行为、语言或文字等形式在一定的时间、空间进行传播，逐渐成为大家共同参照执行的、共同遵守的准则。事实上，各种礼仪礼节的具体内容均是注意事项和约束要求。如乘坐飞机的礼仪是指在飞机上的注意事项，公共场所的礼仪即包括公共场所的纪律约束。

古人讲：法度可循，规矩方圆。礼仪与秩序规范、法度约束是不可分离的，是对社会秩序的进一步规范。法律是社会生活的底线，人人必须遵纪守法；礼仪的约束是社会生活的准则，是受社会舆论和评价制约的。

(3) 提升修养。

文明礼仪在其原则要求和支配下所表现出来的尊重、热情、友善、真挚、诚信、平等、宽容、理解、自律、适度等可以丰富精神内涵、净化心灵、陶冶情操、提高品位、完善人生。礼仪在其周全细致的形式要求下所表现出来的着装、仪表、举止、表达等可以使个人达到各种场合的交际规范和道德标准，使人们有勇气、有信心面对纷繁的社会。礼仪在其社会反馈、评价、示范、劝阻等教育形式下可以矫正个人的不良行为和习惯，提高个人素质和内在实力，实现自身价值。

(4) 协调人际关系。

人与人之间的交往是充满感情与思想的，是亲情和友情的体现。礼仪的目的是获得交际的成功，它强调交往的程度和节奏，传播和体现了真诚、尊重、温暖和信赖等积极的情感。

适度的礼仪使人产生兴奋的情绪、积极的心态和行为，容易与交往对象产生认同感，谈笑之间把友善和愉快的情绪带到社交场合中，从而容易从他人处获取丰富的信息，获得他人的青睐和友情。礼仪所表现出的社交情感不仅能化解生活和工作中的压力、枯燥、苦恼和紧张，还可以通过真诚、理解的态度解决矛盾。

(5) 促进社会文明与进步。

礼仪是社会道德水准、社会稳定情况的晴雨表，反映着整个社会的道德水准和导向，是社会文明程度的重要标志。“仓廪实而知礼节，衣食足而知荣辱。”(《史记·管晏列传》)礼仪是社会繁荣、经济发达的产物，只有在民主和谐的氛围中才能出现，只有在平等文明的环境中才能健康成长。礼仪充分体现了经济水平、社会文明程度和民族的进步程度，是社会中全部个体文化修养、文明程度、社会价值的综合表现。

### 6. 校园文明礼仪教育的作用

(1) 有助于培养大学生的文化自信。

早在三千多年前的西周时期，我国的古代礼仪就已基本成型。到了春秋时期，更是由孔子集其大成，并发扬光大。我国历史上的很长一段时期，礼仪一直是治理国家的重要手段，被视为“国之基”(《文子》)、“君之大柄”(《礼记·礼运》)。以“礼”治国是古代中国的一大特征，而且由于礼制的推行，中国古代形成了以“礼”为核心的独特社会文明，“礼”成为中华文化的标志之一，也在每一个中国人的血脉里留下了“礼”的文化基因，成为对中华民族精神道德素质起着极其重要作用的宝贵文化遗产和精神财富。

(2) 有助于营造健康文明的校园环境。

孔子曾说过：“非礼勿视，非礼勿听，非礼勿言，非礼勿动。”(《论语·颜渊》)礼仪作为一种做人的行为规范，不仅约束着人们在一切交际场合的言谈话语、行为举止，使之合乎礼仪，而且也是这种场合的一种通用语言，每一位参与者都必须自觉、自愿地遵守礼仪。大学校园的文明程度如何，从主体角度讲取决于全体教师和广大学生的个体素质。然而，在大学校园里，经常会看到一些不文明的行为，譬如在走廊里高声喊叫，见到老师不主动打招呼，上课迟到时不向老师道歉和说明原因，乱扔纸屑、果皮，上课吃零食、接打手机等，这些不文明行为一方面说明了文明校园建设还需加强，另一方面也说明了对新时代大学生加强文明礼仪教育的紧迫性。

(3) 有助于大学生树立正确的世界观、人生观、价值观。

大学生正处在世界观、人生观、价值观形成和确立的重要时期，抓好这一时期的文明礼仪规范教育非常重要。文明礼仪可以引导广大青年学生知礼节、重礼仪、懂礼貌、明荣辱，通过文明礼仪教育和日常行为实践，让他们在潜移默化之中认同社会主义核心价值观的价值目标、价值取向和价值准则，形成思想自觉和行动自觉的良性互动，从而使社会主义核心价值观入脑入心，内化于心、外践于行，成为他们的自觉遵循和行为规范。

(4) 有助于提高大学生的自身修养。

文明礼仪是一个人的内在修养与外在表现的综合体。在人际交往中，文明礼仪是衡量一个人文明程度的准绳。它不仅反映着一个人的交际技巧与应变能力，更反映着一个人的思想道德、价值取向、气质风度、阅历见识、道德情操、精神风貌。有道德才能高尚，有教养才能文明。在日常生活中，得理不饶人、失理不道歉、无理搅三分等极度自私的现象屡见不鲜。文明礼仪教育，就是要追求“用高尚的精神塑造人”这个目标。

(5) 有助于改善人际关系。

古人云：“世事洞明皆学问，人情练达即文章。”(〔清〕曹雪芹《红楼梦》第五回) 这说明交际的重要性。文明礼仪有助于规范彼此的交际活动，更好地向交往对象表达自己的尊重、敬佩、友好与善意，增进彼此之间的了解与信任。例如，学会运用日常交往中最重要的两句文明用语——“请”和“谢谢”，可以每天为人们减少许多的烦恼。原因之一就在于“请”可以把命令的口气换成一种请求口气；“谢谢”则表达了感激之情。它们能使人感受到尊重、信任和理解，更加自觉、愉快地去关心身边每一个需要帮助的人。

(6) 有助于大学生塑造良好的个人形象。

个人形象是一个人的思想、价值观及仪容、表情、举止、服饰、谈吐的集合，文明礼仪教育对此均做了详尽规范。对于大学生而言，在校学习只是人生的一个过程，很快就要走向社会。文明礼仪教育既是学生在校学习的重要组成部分，也是大学生步入社会的基本指南。比如，择业应聘时，在具有良好专业素质的前提下，清新可人、端庄大方、谈吐不俗的形象会给我们加分不少，举止优雅也能让人平添好感。因此，学习文明礼仪、践行文明礼仪有益于他们更好地设计个人形象，更充分地展示个人良好的教养与优雅的风度，增强他们的社会竞争力，有助于事业成功。

## 三、开展文明礼仪规范教育的必要性

知礼仪、懂礼仪是一个具有健全人格的社会公民的基本素养，一个不懂礼仪的人，乃至一个不懂礼仪的民族，是没有希望可言的。只有注重文明礼仪的民族才能得到世人的尊重与认可，只有不断提升中华民族的文明水平才能让我们的国家成为真正的文明强国。在文化交流全球化的今天，注重文明礼仪教育与文明礼仪养成，也是为树立国人良好国际形象、扩大中国文化影响、提升中华文化软实力和实现中华文化复兴确立的一个重要支点。

只有自觉接受文明礼仪规范的人，才是符合社会发展需求的人。通过文明礼仪知识的学习与实践，大学生可以提高自身的文明素养，成为新时代文明礼仪规范的积极践行者，成为讲文明、讲礼貌的成功示范者，成为展示新时代精神风貌的高尚引领者。

### 1. 开展大学生文明礼仪规范教育的紧迫性

新时代大学生是社会的高知群体，在高校不断扩大招生数量的今天，这个群体对社会的影响力也越来越大，他们不仅是科学知识和职业技能的接受者与传递者，更是完成民族文化薪火相传的重要载体。然而，现实情形并不完全像我们想象的那样乐观。有的学生理想信念模糊，世界观、人生观、价值观脱离实际；有的学生没有礼貌，课堂上吃零食、嚼口香糖、随便出入、听音乐、接发短信甚至衣冠不整，对他人缺乏应有的尊重意识；有的学生不合乎文明礼仪的行为不仅仅存在于课堂上，也常见于日常生活之中。譬如，漠视社会公德；随地吐痰、乱扔杂物；满口脏话；不爱惜公共资源；为追求个性，故意违反校规校纪；崇尚江湖义气；在家中唯我独尊、长幼无序，对父母长辈缺少应有的礼貌，且一味索取，缺乏感恩；等等。人们往往把他们的这些行为简单地归类为“小事”，认为只要学业有成，其他都可忽略不计。这种错误的思想不仅无助于问题的解决，而且会妨碍对大学生文明礼仪教育失范性问题的清醒认识，使存在的问题永远成为问题，使大学生带着对“礼”的无知无识进入社会。文明礼仪的缺失会使他们无法协调自己与团队的关系，丧失自我完善和发展的机会，甚至影响整个民族与世界接轨的历史进程。大学生作为民族文化与科学技能的传承者，不对其进行文明礼仪教育，无疑是放弃了扩大传统文化影响力、构建文明礼仪社会的机会。因此，广泛开展文明礼仪教育、注重文明礼仪养成是社会迫切需要解决的问题，更是学校贯彻落实立德树人根本任务迫切需要解决的问题。

**2. 开展大学生文明礼仪规范教育的适时性**

目前高校已经意识到文明礼仪教育的重要性与紧迫性所在。在这种情况下，开设文明礼仪课程既能避免文明礼仪教育流于形式，亦能涵盖学生全体，是十分适时的，具有相当程度的可行性。开设文明礼仪课程，将文明礼仪教育纳入高校教育体系，将文明礼仪课程纳入教学培养方案是改革的一项重要内容。在高校的课程体系中不仅要设置文明礼仪课程，还要突出文明礼仪课程的重要地位。强调其必修性、常设性的同时，更要强调其实践性。让学生树立自觉学习并践行文明礼仪规范的意识，让学生明晰讲求礼仪是立身根本，进而营造文明的高校氛围。

大学生在校时间是有限的，却正是世界观、人生观、价值观形成的最关键阶段。经过小学、中学阶段的教育，大学生的文化知识已有一定的积累，具备了接受更广更深教育的基础，但还存在认知高度不够、认知稳定性不够的问题。此时，抓住这个黄金期开展文明礼仪教育，让大学生重视文明礼仪、学习文明礼仪、应用文明礼仪、践行文明礼仪，全面提高自己的综合素质，融洽地处理好社会关系、家庭关系、师生关系、同学关系，顺应时代的变迁和社会的发展，做一名有用之才、精英之才正逢其时。文明礼仪教育是提高大学生个人修养的必要步骤，通过文明礼仪教育，使大学生的认知由感性认识上升到理性认识，不但学会以人为本、尊重别人，同时也要学会如何被尊重。

## 四、开展文明礼仪规范教育的途径

文明礼仪规范教育是思想政治教育的重要内容。高校承担着培养德、智、体、美、劳全面发展的社会主义事业合格建设者和可靠接班人的重大责任和神圣使命，要切实做到守土有责、守土负责、守土尽责，必须以对党、对国家、对社会、对家庭、对学生高度负责的态度，扎实开展思想政治教育工作，造就一支具有崇高理想信念，真学真信真用马克思主义真理的“青年马克思主义者”，使之成为党和国家担当民族复兴大任的时代新人。

### 1. 新时代大学生文明礼仪规范教育是思想政治教育工作的重要组成部分

思想政治教育是指社会或社会群体用一定的思想观念、政治观点、道德规范对其成员实施有目的、有计划、有组织的影响，使他们形成符合一定社会、一定阶级所需要的思想品德的社会实践活动。

思想政治教育是中国共产党领导人民在实践中创造的实践活动。这一实践活动既继承了我国古代社会重法治与德教的文化传统，又满足了我国革命与建设因具有开创性特点而必须思想先行的需要。思想政治教育的显著特点之一，就是原创性。思想政治教育必须旗帜鲜明地提倡、“灌输”为本阶级服务的正确的思想，坚决批判和抵制错误的倾向。特点之二，就是应用性。思想政治教育的对象是现实社会与现实的人，是为促进社会发展和人的全面发展服务的。因此，一方面思想政治教育工作者不仅要自己学习、理解教育的内容，还必须运用马克思主义理论和方法将正确的理论转化为受教育者的思想；另一方面要教育指导帮助受教育者养成主动改变、改造错误思想与行为的自觉。

我国《教育法》规定，国家在受教育者中进行爱国主义、集体主义、社会主义教育，进行理想、道德、纪律、法制、国防和民族团结教育。教育应当继承和弘扬中华民族优秀的历史文化传统，吸收人类文明发展的一切优秀成果。

开展新时代大学生文明礼仪规范教育着重以社会主义核心价值观为要，着力进行爱国守法、明礼诚信、敬业友善教育，使青年学生在心中树立起远大的共产主义理想，培养青年学生在行动上做有知识、懂礼仪的新时代文明建设者。

教育目的的一致性、教育内容的互补性和教育方法的知行合一，构成了新时代大学生思想政治教育的基本架构。在大学生思想政治教育工作中，要始终贯穿文明礼仪规范教育，在教育活动中要始终坚持把那些世代相传、长期积淀下来的文明礼仪传统继承、弘扬下去；同时，努力吸收人类文明发展的一切成果，凡是先进的教育思想和教育方法，优秀的文学艺术、文化思想以及文明健康的生活方式、生活习惯和文明礼仪等，都应该积极地予以吸收。

### 2. 以“大思政”理念开展大学生文明礼仪规范教育

思想政治教育工作是一项系统工程，在培养德、智、体、美、劳全面发展的社会主义事业建设者和接班人的重大任务中发挥着非常重要的作用。要使其功能得到充分体现，必须创新教育理念、提高师资素质、更新教育手段。

(1) 思想政治教育要有“大理念”。

树立文明新风，坚持不懈促进学校和谐，坚持不懈培育优良校风和学风，积极打造文明校园。作为高校，也要把“工匠精神”融入思想政治教育体系，提升学生职业文化素养。简言之，就是要着力把正确的政治方向、价值导向、行为规范，贯穿于立校办学、育人育才全过程。

(2) 思想政治教育要有“大格局”。

一是加强思政课程建设。要积极推进思政课改革创新，进一步增强思想政治理论课的亲和力、吸引力、说服力、感染力，课堂内容要满足学生成长发展的需要和期待，让学生坐得住、听得进、用得上。厚植思政课理论底蕴，以理论创新促进教学创新；坚持对照“六个要”的要求，练好内功，提升能力，强化支撑，为上好思想政治理论课提供坚强保证。通过理论知识学习，树立正确世界观、人生观、价值观，扣好人生第一粒扣子。

二是推进“课程思政”改革。要着力探索“课程思政”改革，结合专业特点进行课堂思政教育，挖掘各类课程的育人元素，将所有课程都打造成具有育人功能的思想政治教育“小课堂”。思政课教师与专业课教师同时发力、同频共振。

三是发挥好“第二课堂”的辅助功能。只要用心，思想政治教育随时随地都可以做。要本着不局限于课堂、不拘泥于教材的原则，着力强化思想政治教育的实践性、多样性，开展丰富多彩、格调高雅、内涵深邃、意义深远的第二课堂活动。特别是要以党和国家重要节庆活动、重大纪念日等为时间节点，开展系列主题教育活动、主题班会活动。这样的活动能够通过通俗易懂、氛围温馨的场景唤醒人们的历史记忆、建构集体认同，成为激发师生爱国情怀和民族精神、坚定理想信念和初心使命的强大力量，从而实现育人、内容和形式的有机统一，达到倍增思政教育效果的目的。

四是深入挖掘学校环境的思想政治教育功能。依托学校现有的多姿多彩的环境景观、广阔的发展空间、内涵厚重的文化底蕴，深度挖掘学校环境内在的思想政治教育元素及育人功能；进一步提炼学校环境的内核；以物质美、风景美、和谐美映衬心灵美、行为美、文化美，打造一批独具特色的研学旅游产品和项目，培育行为准则中的美。

五是思想政治教育贯穿学生成长成才全过程。从学生入学到毕业，思想政治教育自始至终常态化开展。抓好入学前的教育，在学生的录取通知书中明确告知学校的相关制度规定，使之提前在思想上有认同、做准备；抓好入学教育，通过军训磨炼学生意志；通过学习校史，了解学校办学历程和基本情况；对新生做到初始即严，打牢思想政治教育的根基；开设大学生文明礼仪规范课程，让学生掌握文明礼仪常识，做到行为举止规范；开设职业生涯规划课程，让学生明晰发展方向和奋斗目标；开展创新创业教育，树立正确的择业观、就业观。积极探索新时代大学生成长规律和特点，完善心理健康教育课程建设，引导、帮助青年学生顺利度过人生的“拔节孕穗期”、关键期，使思想政治教育的全过程日趋科学化、系统化、规范化。

六是做实思想政治教育实践环节。思政课程必须设置一定的社会实践课时，在实践中固化理论教学成果，有效实现理论教育和实践操作融汇贯通。积极推动师生注册成为志愿者，广泛开展志愿服务活动。组织开展好大学生寒暑期社会实践工作。通过实际行动促进文明习惯的养成、综合素质的提高，检验思想政治教育工作的成效。让文明行为成为校园里一抹流动的色彩、一道亮丽的风景。

七是创新思想政治教育手段。新时代大学生成长于网络信息时代，热衷于网络社交。思想政治教育要想被学生接受，除了传统的课堂教学，还应当充分利用新媒体新技术，加强互联网思想政治工作载体建设，运用他们喜闻乐见的方式开展思想政治教育。采取线上、线下相结合的方式，推进思想政治教育的理念思路、内容形式、方法手段创新，增强思想政治教育工作的时代感和实效性。

(3) 思想政治教育要有“大队伍”。

学校思想政治教育工作是一项系统、复杂的工程。建立一支爱思政、懂思政、研思政、钻思政、精思政的队伍，整合现有教师资源，尽全力培养、教育全员共同担起思想政治教育工作的担子。

一是以思政理论课教师为主力军，以思政课程课堂教学为主渠道，系统讲授马克思主义理论及其中国化最新成果，使先进思想切实转化成大学生在理想信念、价值理念、道德观念上的共识和行为实践上的遵循；二是以专业课教师为辅助，将思想政治教育融入专业教学过程，挖掘专业课程所承载的育人功能，实现思政教育与专业教育良性互动发展；三是校领导、各级党组织书记进班级、进课堂讲授“形势与政策”课，让学生关注时事动态，关心国家发展，了解国际形势；四是学生管理工作教师深入学生中间，在言传身教的同时，了解诉求，解决实际问题和困难；五是班主任、辅导员在学生思想、学习、生活等方面全程跟踪指导，扎实细致地开展学生日常教育、管理和服务；六是大学生心理健康教育指导中心专职教师、各教学单位心理辅导员、班级心理委员、宿舍心理信息员及时关注学生心理动态，开展心理健康普查和个体辅导；七是充分发挥学生组织的桥梁纽带作用，通过自我教育、自我管理、自我服务、自我约束、自我监督、自我提高，强化自身思想政治建设。总之，通过多种渠道、多种方式积极构建全员育人体系，建立专兼职相结合的思想政治教育工作队伍。

**3. 开展大学生文明礼仪规范教育的着力点**

(1) 倡导现代文明礼仪教育理念。

与传统文明礼仪教育相比，现代文明礼仪教育更重视正确的世界观、人生观、价值观的形成、筑牢和人际交往的行为规范。因此，在强调以人为本、人格平等、谦让合作，以社会主义核心价值观的牢固树立和积极践行为出发点和落脚点的基础上，重视文明礼仪教育，有利于大学生与他人建立良好的人际关系，形成和谐的心理氛围，促进他们的身心健康。

(2) 建立健全文明礼仪道德规范制度，营造良好的校园文化氛围。

“人无礼则不生，事无礼则不成，国无礼则不宁”(《荀子·修身》)。礼，是为人处世的准则，是事业成功的法宝，是国家安定的前提。礼仪是以“自律”为特征的，是靠人们的自觉、靠社会舆论的引导维系的。因此，建立健全高校礼仪道德规范制度，对大学生进行系统的文明礼仪教育，引导他们规范自身行为，克服不良行为习惯，逐步提高自我克制的能力，真正做到“诚于中，形于外”(《礼记·大学》)，把内在的道德品质和外在的礼仪形式有机地统一起来，这是提升大学生礼仪道德情操、提高综合素养的重要举措。

**(3) 建立以导为主、导治结合的“内塑”效应教学体系。**

外因是事物变化的条件，内因是事物变化的根据，外因通过内因起作用。传统的文明礼仪教育重在教的方面的灌输，忽视了学的方面的内化，学生处于被动、消极的地位，难以发挥自我塑造的作用。其实，真正的教育是外在教育与实践教育相结合，通过教师的讲解，激发大学生自我塑造的欲望上，建立以导为主、导治结合的教育方式，发挥师生共振效应，提高文明礼仪教育的实效。

(4) 积极开展实践活动，促使文明习惯养成。

根据马克思主义关于实践在认识过程中的重要作用的论述，学校不仅要营造文明氛围、加强教师言传身教，同时要注重开展文明礼仪实践活动，努力引导学生并和学生一起构建一种宽松、平等、民主、和谐、友爱、互助、合作的人际关系，使学生在身体力行中体会文明礼仪的价值，促进大学生树立并筑牢正确的世界观、人生观、价值观。

# 第二节　新时代中华文明的传承

中国自古以来就有“礼仪之邦”的美称，礼仪文明根植于古代中国的个人、家庭、社会、国家各个层面，对中国历史、中华文明产生了深远的影响。礼仪文明是中华文明的重要标志，在五千年灿烂文明史上具有极其重要的地位，是最具民族特色、最深入人心、传承最悠久的民族文化。

继承和弘扬中华民族在长期实践中培育和形成的中华传统文明，尤其是礼仪文明，必须坚持马克思主义道德观，在去粗取精、去伪存真的基础上，坚持古为今用、推陈出新，努力实现中华传统文明的创造性转化、创新性发展。中华文明源远流长，孕育了中华民族的宝贵精神品格，培育了中国人民的崇高价值追求。自强不息、厚德载物的思想，支撑着中华民族生生不息、薪火相传，今天依然是我们推进改革开放和社会主义现代化建设的强大精神力量。新时代大学生要继承和发扬中华文明优良传统，践行社会主义核心价值观。

## 一、中华文明礼仪的形成与发展

中国是历史悠久的文明古国，几千年来创造了灿烂的文化，形成了高尚的道德准则、完整的礼仪规范，被世人称为“文明古国，礼仪之邦”。中华民族的历史掀开第一页的时候，礼仪文明就伴随着人的活动而产生了。礼仪文明作为中国传统文化的一个重要组成部分，对中国社会历史发展产生了广泛而深远的影响。文明礼仪作为一种文化和行为规范，在每个历史时期都发挥着重要的作用，可以说礼仪是人类文明进步的重要标志。我们今天讲文明礼仪规范，必须舍弃那些为剥削阶级服务的礼仪规范，着重选取对今天仍有积极、普遍意义的传统文明礼仪，如尊老敬贤、仪尚适宜、礼貌待人、容仪有整等，加以改造与承传，这对于修养良好个人素质、协调和谐人际关系、塑造文明的社会风气、进行社会主义精神文明建设具有现代价值。中华文明礼仪流淌着中国数千年文化的血液，在创造性转化、创新性发展进程中，必定会更加熠熠生辉。

### 1. 中华文明礼仪的发展脉络

要了解中华文明，就必须了解中华礼仪文明。中国自古就以交际礼仪之邦著称于世，在文明礼仪方面有着辉煌的传统。礼仪文明作为中华文明的重要特色，其漫长的礼仪发展史大致可以分为礼仪的萌芽时期、礼仪的草创时期、礼仪的形成时期、礼仪的发展和变革时期、礼仪的强化时期、礼仪的衰落时期、现代礼仪时期和当代礼仪时期等8个时期。礼仪的形成和发展，经历了一个从无到有、从低级到高级、从零散到完整的渐进过程。

(1) 礼仪的萌芽时期(公元前5万年—公元前1万年)。

礼仪起源于原始社会时期，在长达100多万年的原始社会历史中，人类逐渐开化。在原始社会中、晚期(约旧石器时期)出现了早期礼仪的萌芽。例如，生活在距今约1.8万年前的北京周口店山顶洞人，就已经知道打扮自己，他们用穿孔的兽齿、石珠作为装饰品，挂在脖子上。他们在去世的族人身旁撒放赤铁矿粉，举行原始宗教仪式，这是迄今为止在中国发现的最早的葬仪。

(2) 礼仪的草创时期(公元前1万年—公元前22世纪)。

公元前1万年左右，人类进入新石器时期，不仅能制作精细的磨光石器，而且开始从事农耕和畜牧。在其后数千年岁月里，原始礼仪渐具雏形。例如在今西安附近的半坡遗址中，发现了距今约五千年前的半坡村人的公共墓地，墓地中坑位排列有序，死者的身份有所区别，有带殉葬品的仰身葬，还有无殉葬品的俯身葬等。此外，仰韶文化时期的其他遗址及有关资料表明，当时人们已经注意尊卑有序、男女有别，而长辈坐上席，晚辈坐下席，男子坐左边，女子坐右边等礼仪日趋明确。

(3) 礼仪的形成时期(公元前21世纪—公元前771年)。

公元前21世纪至公元前771年，中国由金石并用时代进入青铜时代。金属器的使用，使农业、畜牧业、手工业生产跃上一个新台阶。随着生活水平的提高，社会财富除消费外有了剩余并逐渐集中在少数人手里，因而出现阶级对立，原始社会由此解体。公元前21世纪至公元前15世纪的夏代，开始从中国原始社会末期向早期奴隶社会过渡。在此期间，尊神活动升温。在原始社会，由于缺乏科学知识，人们不理解一些自然现象。他们猜想，照耀大地的太阳是神，因此，他们敬畏“天神”，祭祀“天神”。从某种意义上说，早期礼仪包含原始社会人类生活的若干准则，又是原始社会宗教信仰的产物。礼的繁体字“禮”，左边代表神，右边是向神进贡的祭物。因此，汉代学者许慎说：“礼，履也，所以事神致福也。”以殷墟为中心展开活动的殷人，在公元前14世纪至公元前11世纪活跃在华夏大地上。他们建造了中国第一个古都——地处现河南安阳的殷都，而他们在婚礼习俗上的建树，被其尊神信鬼的狂热所掩盖。

周朝对礼仪建树颇多。特别是周武王的兄弟、辅佐周成王的周公，对周朝礼制的确立起了重要作用。他制作礼乐，将人们的行为举止、心理情操等统统纳入一个尊卑有序的模式之中。全面介绍周朝制度的《周礼》，是中国流传至今的第一部礼仪专著。《周礼》(又名《周官》)，本为一官职表，后经整理，成为讲述周朝典章制度的书。《周礼》原有6篇，详细介绍六类官名及其职权，现存5篇，第六篇用《考工记》弥补。六官分别称为天官、地官、春官、夏官、秋官、冬官。其中，天官主管宫事、财货等；地官主管教育、市政等；春官主管五礼、乐舞等；夏官主管军旅、边防等；秋官主管刑法、外交等；冬官主管土木建筑等。由此可见，许多基本礼仪在商末周初已基本形成。此外，成书于商周之际的《易经》和在周朝大体定型的《诗经》，也有一些涉及礼仪的内容。在西周，青铜礼器是个人身份的表征。礼器的多寡代表身份地位的高低，形制的大小显示权力等级。当时，贵族佩带成组饰玉为风气，而相见礼和婚礼(包括纳采、问名、纳吉、纳徵、请期、亲迎等)成为定式，流行民间。此外，尊老爱幼等礼仪，也已明显确立。

(4) 礼仪的发展、变革时期(公元前770年—公元前221年，东周时期)。

西周末期，王室衰微，诸侯纷起争霸。公元前770年，周平王东迁洛邑，史称东周。承继西周的东周王朝已无力全面恪守传统礼制，出现了所谓“礼崩乐坏”的局面。春秋战国时期是我国的奴隶社会向封建社会转型的时期。在此期间，相继涌现出孔子、孟子、荀子等思想巨人，发展和革新了礼仪理论。

孔子(公元前551—公元前479年)是中国古代大思想家、大教育家，他首开私人讲学之风，打破贵族垄断教育的局面。他删《诗》《书》，定《礼》《乐》，赞《周易》，修《春秋》，为历史文化的整理和保存做出了重要贡献。他编订的《仪礼》，详细记录了战国以前贵族生活的各种礼节仪式。《仪礼》与前述《周礼》和孔门后学编的《礼记》，合称“三礼”，是中国古代最早、最重要的礼仪著作。孔子认为，“不学礼，无以立。”(《论语·季氏》)“质胜文则野，文胜质则史。文质彬彬，然后君子。”(《论语·雍也》)他要求人们用道德规范约束自己的行为，要做到“非礼勿视，非礼勿听，非礼勿言，非礼勿动”(《论语·颜渊》)。他倡导的“仁者爱人”，强调人与人之间要有同情心，要互相关心，彼此尊重。总之，孔子较系统地阐述了礼及礼仪的本质与功能，把礼仪理论提高到一个新的高度。

孟子(约公元前372—公元前289年)是战国时期儒家主要代表人物。在政治思想上，孟子把孔子的“仁学”思想加以发展，提出了“王道”“仁政”的学说和民贵君轻说，主张“以德服人”。在道德修养方面，他主张“舍生而取义”(《孟子·告子上》)，讲究“修身”和培养“浩然之气”等。

荀子(约公元前 313—公元前 238 年)是战国末期的大思想家。他主张“隆礼”“重法”，提倡礼法并重。他说：“礼者，贵贱有等，长幼有差，贫富轻重皆有称者也。”(《荀子·富国》) 荀子指出：“礼之于正国家也，如权衡之于轻重也，如绳墨之于曲直也。故人无礼不生，事无礼不成，国家无礼不宁。”(《荀子·大略》) 荀子还提出，不仅要有礼治，还要有法治。只有尊崇礼，法制完备，国家才能安宁。荀子重视客观环境对人性的影响，倡导学而至善。

(5) 礼仪的强化时期(公元前 221 年—公元 1796 年)。

公元前 221 年，秦王嬴政最终吞并六国，统一中国，建立起中国历史上第一个中央集权的封建王朝。秦始皇在全国推行“书同文”“车同轨”“行同伦”。秦朝制定的集权制度，成为后来延续两千余年的封建体制的基础。

西汉初期，叔孙通协助汉高帝刘邦制定了朝礼之仪，突出发展了礼的仪式和礼节。而西汉思想家董仲舒(公元前 179—公元前 104 年)，把封建专制制度的理论系统化，提出“唯天子受命于天，天下受命于天子”(〔汉〕班固《汉书·董仲舒传》) 的“天人感应”之说。他把儒家礼仪具体概括为“三纲五常”。“三纲”即“君为臣纲，父为子纲，夫为妻纲。”“五常”即仁、义、礼、智、信。汉武帝刘彻采纳董仲舒“罢黜百家，独尊儒术”的建议，使儒家礼教成为定制。

汉代时，孔门后学编撰的《礼记》问世。《礼记》共计 49 篇，包罗宏富。其中，有讲述古代风俗的《曲礼》(第 1 篇)，有谈论古代饮食居住进化概况的《礼运》(第 9 篇)，有记录家庭礼仪的《内则》(第 12 篇)，有记载服饰制度的《玉澡》(第 13 篇)，有论述师生关系的《学记》(第 18 篇)，还有教导人们道德修养的途径和方法，即“修身、齐家、治国、平天下”的《大学》(第 42 篇)等。总之，《礼记》堪称集上古礼仪之大成，上承奴隶社会、下启封建社会，是封建时代礼仪的主要源泉。

盛唐时期，《礼记》由“记”上升为“经”，成为“礼经”三书之一(另外两本为《周礼》和《仪礼》)。

宋代时，出现了以儒家思想为基础，兼容道学、佛学思想的理学，以程颐、程颢两兄弟和朱熹为其主要代表。二程认为，“父子君臣，天下之定理，无所逃于天地之间。”(〔宋〕《二程遗书》卷五)“礼即是理也。”(〔宋〕《二程遗书》卷二十五) 朱熹进一步指出：“仁莫大于父子，义莫大于君臣，是谓三纲之要，五常之本。人伦天理之至，无所逃于天地间。”(〔宋〕《朱子文集·未垂拱奏礼·二》)朱熹的论述使二程的“天理说”更加严密、精致。家庭礼仪研究硕果累累，是宋代礼仪发展的另一个特点。在大量家庭礼仪著作中，以撰《资治通鉴》而名垂青史的北宋史学家司马光(1019—1086年)的《涑水家仪》和以《四书集注》名扬天下的南宋理学家朱熹(1130—1200年)的《朱子家礼》最著名。

明代时，交友之礼更加完善，而忠、孝、节、义等礼仪日趋繁多。

(6) 礼仪的衰落时期(1796—1911年)。

满族入关后，逐渐接受了汉族的礼制，并且使其复杂化，导致一些礼仪显得虚浮、烦琐。例如清代的品官相见礼，当品级低者向品级高者行拜礼时，动辄一跪三叩，甚至三跪九叩(〔清〕伊桑阿等《大清会典》)。清代后期，清王朝政权腐败，民不聊生，古代礼仪盛极而衰。而伴随着西学东渐，一些西方礼仪传入中国，北洋新军时期的陆军便采用西方军队的举手礼等，以代替不合时宜的打千礼等。

(7) 现代礼仪时期(1911—1949年，民国时期)。

1911年末，清王朝土崩瓦解，当时远在美国的孙中山先生(1866—1925年)火速赶回祖国，于1912年1月1日在南京就任中华民国临时大总统。孙中山先生和战友们破旧立新，用民权代替君权，用自由、平等取代宗法等级制；普及教育，废除祭孔读经；破除陈规陋俗，剪辫子、禁缠足等，从而正式拉开现代礼仪的帷幕。民国期间，由西方传入中国的握手礼开始流行于上层社会，后逐渐普及民间。20世纪三四十年代，中国共产党领导的苏区、解放区，重视文化教育事业及移风易俗，进而谱写了现代礼仪的新篇章。

(8) 当代礼仪时期(1949年至今)。

1949年10月1日，中华人民共和国成立，中国的礼仪建设从此进入一个崭新的历史时期——摒弃了昔日束缚人们的“神权天命”“愚忠愚孝”以及严重束缚妇女的“三从四德”等封建礼教，确立了同志式的合作互助关系和男女平等的新型社会关系，而尊老爱幼、讲究信义、以诚待人、先人后己、礼尚往来等中国传统礼仪中的精华，则得到继承和发扬。从推行文明礼貌用语到积极树立行业新风，从开展“18岁成人仪式教育活动”到制定市民文明公约，各行各业的礼仪规范纷纷出台，岗位培训、礼仪教育日趋红火，讲文明、重礼貌蔚然成风。广阔的华夏大地上再度兴起礼仪文化热，具有优良文化传统的中华民族又掀起了精神文明建设的新高潮。

### 2. 中华文明礼仪的自身特性

对于中华传统文明礼仪的梳理和解读，不应该仅仅从它的历史发展脉络予以介入，这样势必会导致对传统文明礼仪的解读流于简单的形式，造成其意义的狭隘化，同时也容易导致对文明礼仪的理解落入窠臼。显然，在纵向的历史脉络之外，还可以就文明礼仪的自身特性，从横向的角度进入，借助纵向和横向的对比考察，对中华传统文明礼仪进行综合性的认识和把握。

(1) 文明礼仪的继承性。

自人们正式将文明礼仪纳入视野，展开对文明礼仪的思索和追求开始，文明礼仪便伴随着人类社会的发展进程不断延续。朝代的更迭、时代的变迁，淹没的不过是独立危存的某些为满足特定需要所设立的制度而已，真正能够经得起时间考验的文明礼仪依然能够在历史长河中屹立不倒。这些思想精华经过历史的检验而被精心地传承下来，在文明历史的卷轴中镌刻长存。

绵延的思想传承使得中华传统文明礼仪能够跨越千年而不断延续，在世界文明中大放异彩，推动中国成为世界公认的文明古国、礼仪大国。在人类社会发展的历史进程中，生、住、异、灭在某种意义上是万事万物难以逃避的法则，但这样的变迁并非线性的历史过程，而是包含在复杂的网络中，彼此交织甚至盘根错节地存在着。某些事物被历史的风沙淘洗殆尽，某些事物则在历史的进程中被沉淀下来，并融入后世新生事物的发展中，不断实现自身的突破与升华。中华传统文明礼仪作为优秀文化的一种形式便承担着后者这样的角色。它总是能够作为一种精神的引领与行为的指导去促进人们追求更为完善的自我及合理的社会关系。优秀的文明礼仪在人类社会的发展进程中承担着积极的推动作用，对现实生活产生着不可忽视的影响。其内在所包含的积极因子不断推动着它作为文明进步的重要途径而在漫长的历史进程中占有一席之地，不断为人类自身的进步与人类社会的和谐发挥着积极作用。

(2) 文明礼仪的共通性。

文明礼仪还具有共通的特性。人对于文明礼仪的需要，虽然得益于人的理性意志发展，但绝不是个体头脑幻想的表现，而是公共价值认同的结果，是基于人的社会属性的整体判断。文明礼仪不只局限于某个地域或者某一层面，其合理的公共价值促使人们自觉地加以学习、互相效仿，并以之为标杆、准则。因而中华传统文明礼仪能够深深根植于不同地域的人们心中，生根发芽。

优秀的人类文化以及文明礼仪，是人类集体智慧的结晶，是得到历史证明的、根本上符合人类社会发展要求的公共原则和规范。尊重、友爱、和睦、宽容、善良……放诸任何一个地域、任何一个民族、任何一个国家，都是为人称道的人类优秀品质，并不会因为某种现实情况的差异而失去自身价值。文化和文明礼仪的共通性还能促进不同文化之间的相互渗透和融合，越过地域、民族、国家的现实差异，通过文化和礼仪的纽带进行连接。这也是对不同文化差异的弥合，即主体自身源于对优秀文化的心理认同所做出的主动吸收接纳。只是文化差异的弥合以及对优秀文化的认可并非一蹴而就，它需要一定的时间和特定的历史条件。

(3) 文明礼仪的开放性。

璀璨多姿的人类文化记录下了每个时期的人类历史进程，文明创造使其历久弥新，既对人类自身进行充实、丰富，同时也推动着人类社会的进步发展。任何一种文化，只有保持包容、开放的姿态才能源远流长，永葆其鲜活力。反之，冥顽不化、故步自封的做法有可能使原有的文化陷入危险的境地。

文明礼仪作为文化的具体形式之一，必然遵循文化发展的基本要求与特性。文明礼仪的发展不仅要保持自身的鲜明特征，也要吸收其他优秀的文明礼仪来丰富自身内涵，增强自身的生命力。

(4) 文明礼仪的时代性。

对于人类社会而言，文明必然由人所创制、丰富、改造、更新……正因为这样，文明礼仪才得以如此丰富多彩、恢弘灿烂。同样，中华传统文明礼仪也并非一成不变，而是伴随着每个时代的变化不断就其自身进行再认识，以时代的眼光对其自身进行判定和选择，既不失去它本身一贯的特性，又融入了每个时代的印记，体现出生动的时代表征。

时代在变化，文化也在不断创新。文明礼仪随着时代的更迭而不断发展。每个时代都是人类文明礼仪赖以依托的特定载体，若没有每个时代对文明礼仪注入的特殊印记，就无法实现人类社会文明礼仪的浩繁，甚至会造成文化的断层以及传统文明礼仪的遗失。文化一旦断层，人们将很难追本溯源，所能寻求的只是零星散落的文化遗迹以及难以摹状的历史幻影。

(5) 文明礼仪的民族性。

礼仪是文明民族的标志，只有野蛮民族才没有礼仪。不同民族的人们生活方式不同、知识体系不同、文化环境不同，对社会交往的要求自然也不尽相同，对文明礼仪的规范也是千差万别。每个民族都在自己独特的语言环境、共同的生活地域以及统一的生活习俗的基础上，形成了适应自己风俗习惯的一套文明礼仪，因此不同的民族就形成了不同的文明礼仪，彼此只有互相理解和尊重，才能和谐相处。尊老爱幼、礼貌待客、遵时守约等符合大多数人文明礼仪取向的基本礼仪，是全球各国人民所共同遵守的准则。中国人很早就提出了“入境问俗”“入乡随俗”的交往原则，到其他国家访问之前，要先了解对方的生活习俗，不做伤害对方情感的任何举动，不把自己的不良生活习惯带到别的国家去。中华民族的文明礼仪，虽然也吸纳了其他文明的精华，但历经千年，仍有自己独特鲜明的民族特性，积淀出中华民族博大精深的文化传统和生生不息向前发展的强大动力。

## 二、中华文明的主要特征

在尊重传统的基础上，要有选择地吸收和创造性地综合，用历史和科学的观点来考察中国的传统文明，切实把握和深入理解传统文明的本质内容，弘扬优秀传统文明，并在新的历史条件下，根据现代的基本精神理念，进行有选择性的、合理的吸收、改造、发展和创新。

中华文明是人类历史上唯一没有中断的文明，在漫长的历史发展过程中，中华文明形成了如下一些主要特征。

### 1. 一脉相承，阶段明显

中华文明是一脉相承、连续发展的，呈现出明显的阶段性。某一阶段的能量耗尽了就会起变化，变化了血脉就畅通，再接着生长、发展，如此螺旋式上升，使中华文明生命力不绝、延续至今，正所谓“穷则变，变则通，通则久”(《易传·系辞》)。中华文明的发展虽有阶段性，但没有间断和转移，因为我们今天还能读懂数千年前的文献资料，古代经书上的格言警句还活跃在我们的日常用语中。在历史演化中，中华文明的中心有过多次迁移，但整个历史都上演在欧亚大陆东部这块广袤的大地上，我们居住的村舍下面，也许就是某个王朝宫殿的遗址，我们无论走到哪里，都有一种挥不去、抹不掉的深沉历史感；今天贫穷落后的地方，历史上也许一度鼎盛。一块石碑、一棵古树、一座山峰、一条河流，往往是历史的见证，仍有故事在民间流传，彰显着深厚的文化积淀；生于斯、长于斯的中华儿女，世世代代生息繁衍，在生活实践中自觉或不自觉地传承着中华文明，并不断赋予其新鲜气息。

### 2. 逐渐累积，遗产丰富

中华文明不曾间断，主要靠文明不断累积。这种累积主要体现在两个方面：一是由文字记载而形成的大量书面文献资料；二是众多的实物，包括器物、遗迹、遗址等。前者如历史文献，数千年文明连续不断地记录在史籍中，仅正史就有 25 部之多，还有《通典》《文献通考》《通志》等大量的“政书”以及野史、笔记等。中华文明就在这浩如烟海的历史典籍中保存着，这在世界上是绝无仅有的，本身就是一种高度发达的文明现象。后者如考古资料，20 世纪以来的大量考古发现，使中华文明尤其是中华文明的源头有了越来越清晰和确切的实物证明。除此之外，还有口口相传的文化传统、各地多姿多彩的民俗风情等。

#### 3. “统”“兴”为常，“裂”“衰”为异

中华文明在统一与分裂、兴盛与衰落中交替演进，但以统一和兴盛为常态，以分裂和衰落为变态。有学者统计，自夏朝以后的约 4000 年间，分裂时间总计为 1200 余年，而统一时间则为 2700 多年，即使在分裂时代，分裂政权大都不甘于偏安一隅，而是把追求统一作为最重要的奋斗目标。一般来说，统一与兴盛大致合拍，分裂与衰落基本同步。夏商周三代，尤其是西周，文明达到了相当的高度，到了春秋战国时期，礼崩乐坏，诸侯坐大，政权下移，社会动荡，同时，新的因素也在生长，周边文明的新鲜血液不断注入中原文明。至秦汉，国家实现了更高层次的统一。

#### 4. 适度开放，兼容并蓄

中华文明一经形成，就具有开放性和包容性，能够在开放中吸收异质文明、在包容中消化异质文明、在多元融会中更新自身。纵观中华文明发展历程，并不是没有闭关锁国、夜郎自大的时候，但总体上呈现开放态势。这种开放不像古希腊文明和近代西班牙、葡萄牙、大英帝国那样是全天候的开放，那种全天候的开放往往伴随着对外扩张，结果是发生大变异，分化、瓦解、衰落乃至毁灭。中华文明的开放是在保证自我生命机体存活基础上的适度开放，只要对自身不构成伤害，都能兼收并蓄。有所坚守而又通达，这是中华文明形态虽变而生命恒久的重要原因。

## 三、中华文明的继承与弘扬

中华文明博大包容、兼收并蓄。中华文明经历了五千多年的历史变迁，但始终一脉相承，积淀着中华民族最深层的精神追求，代表着中华民族独特的精神标识，为中华民族生生不息、发展壮大提供了丰厚滋养。中华文明是在中国大地上产生的文明，也是同其他文明不断交流互鉴而形成的文明。

### 1. 中华文明始终在兼收并蓄中历久弥新

中华文明亦称华夏文明，是世界上最古老的文明之一，也是世界上持续时间最长的文明。一般认为，中华文明的直接源头有三个，即黄河文明、长江文明和北方草原文明。中华文明是三种区域文明交流、融合、升华的灿烂果实。产生中华文明的重要因素非黄河和长江莫属了。在黄河流域产生的农业文明，受到历史时期自然地理因素的影响，不断向长江流域农业文明过渡、发展，长江流域农业文明是黄河流域农业文明的继承和发展。

中华文明的主要特征是独特的道德礼仪。《唐律疏议》曰："中华者，中国也。亲被王教，自属中国，衣冠威仪，习俗孝悌，居身礼义，故谓之中国。"（"习俗孝悌"指《孝经》）。《战国策·卷十九·赵策二》中又云："中国者，聪明睿知之所居也，万物财用之所聚也，贤圣之所教也，仁义之所施也，诗书礼乐之所用也，异敏技艺之所试也，远方之所观赴也，蛮夷之所义行也。"即中原地方，是聪明有远见的人居住之地，是万物财用聚积之地，是贤圣实行教化之地，是仁义施行之地，是《诗》《书》《礼》《乐》运用之地，是奇异精巧技能试行之地，是远方国家观摩向往之地，是四方少数民族效法之地。

任何一种文明都是流动的、开放的，这是文明传播和发展的一条重要规律。在长期演化过程中，中华文明从与其他文明的交流中获得了丰富营养，也为人类文明进步做出了重要贡献。"中华文明是在同其他文明不断交流互鉴中形成的开放体系。从历史上的佛教东传、'伊儒会通'，到近代以来的'西学东渐'、新文化运动、马克思主义和社会主义思想传入中国，再到改革开放以来全方位对外开放，中华文明始终在兼收并蓄中历久弥新。"中华文明不仅是中华民族的文明，也是亚洲文明、世界文明的重要组成部分。在亚洲文明、世界文明的谱系中，中华文明具有鲜明特性和独特价值，是在同其他文明进行交流互鉴中不断形成和发展起来的文明体系。千百年来，中华文明积极同周边和世界其他地区的文明进行交流互鉴，面对外来的各种文化和文明，保持开放包容而不丧失自我、兼收并蓄而不囫囵吞枣、积极借鉴而不照抄照搬，能够结合中国的具体情况和实际需要，有所鉴别、有所分析地取人之长补己之短，因而能够不断地丰富和发展自己。不仅如此，在交流互鉴、发展自己的过程中，中华文明还形成并保持着亲仁善邻、协和万邦的一贯处世之道，惠民利民、安民富民的鲜明价值取向，革故鼎新、与时俱进的永恒精神气质，道法自然、天人合一的内在生存理念等鲜明特性和独特价值。正是由于具有这些鲜明特性和独特价值，中华文明才能够并善于在继承创新中不断发展、在交流互鉴中不断提高、在应时处变中不断升华，从而历经几千年而从未中断，不断续写自己新的历史辉煌。中华文明之所以古老而又年轻，历久弥坚，至今仍然具有旺盛生命力，就是因为中华民族能够与时俱进、勇于创新。

**2. 中华文明坚持同世界其他文明交流互鉴**

中华文明是在中国大地上产生的文明，也是同其他文明不断交流互鉴而形成的文明。中国人早就懂得了“和而不同”的道理，在借鉴其他文明优秀成果的同时，我们也有充分的理由、足够的自信为中华文明感到骄傲自豪。正是这种“天行健，君子以自强不息；地势坤，君子以厚德载物”(《易经》)的变革和开放精神，使中华文明成为人类历史上唯一一个绵延五千多年至今未曾中断的灿烂文明。

(1) 文明是多彩的，人类文明因多样才有交流互鉴的价值。

人类在漫长的历史长河中，创造和发展了多姿多彩的文明。不论是中华文明，还是世界上存在的其他文明，都是人类文明创造的成果。文明交流互鉴不应该以独尊某一种文明或者贬损某一种文明为前提，推动文明交流互鉴，可以丰富人类文明的色彩，让各国人民享受更富内涵的精神生活，开创更有选择的未来。

(2) 文明是平等的，人类文明因平等才有交流互鉴的前提。

各种人类文明都各有千秋，没有高低、优劣之分。要了解各种文明的真谛，必须秉持平等、谦虚的态度，傲慢和偏见是文明交流互鉴的最大障碍。如果居高临下对待一种文明，不仅不能参透这种文明的奥妙，而且会与之格格不入。历史和现实一再启示我们，只有抛弃居高临下的优越感，打破文明隔膜的坚冰，秉持平等谦逊、虚怀若谷的态度对待各种文明，在相互尊重的基础上积极借鉴其他文明的优秀成果，一种文明才能不断获得发展与进步。

(3) 文明是包容的，人类文明因包容才有交流互鉴的动力。

一切文明成果都值得尊重，一切文明成果都要珍惜。只有交流互鉴，一种文明才能充满生命力。只要秉持包容精神，就不存在什么“文明冲突”，就可以实现文明和谐。海纳百川，有容乃大。人类创造的各种文明都是劳动和智慧的结晶。每一种文明都是独特的。在文明问题上，生搬硬套、削足适履不仅是不可能的，而且是十分有害的。

世界历史发展告诉我们，人类文明的进步历程从来没有平坦的大道可走，人类就是在同困难斗争中前进的。再大的困难，都不可能阻挡人类前行的步伐。

“一花独放不是春，百花齐放春满园。”(〔明〕《古今贤文》) 如果世界上只有一种花朵，就算这种花朵再美，那也是单调的。不论是中华文明，还是世界上存在的其他文明，都是人类文明创造的成果。每一个国家和民族的文明都扎根于本国本民族的土壤之中，都有自己的本色、长处、优点。我们要倡导交流互鉴，注重汲取不同国家、不同民族创造的优秀文明成果，取长补短，兼收并蓄，共同绘就人类文明美好画卷。要促进不同文明不同发展模式交流对话，在竞争比较中取长补短，在交流互鉴中共同发展。文明如水，润物无声。我们应该推动不同文明相互尊重、和谐共处，我们应该从不同文明中寻求智慧、汲取营养，为人们提供精神支撑和心灵慰藉，携手解决人类共同面临的各种挑战。

历史告诉我们，只有交流互鉴，一种文明才能充满生命力。只有秉持包容精神，才能减少“文明冲突”，从而实现文明和谐。

## 四、新时代大学生要继承和发扬中华文明优良传统

大学时期是人生道德意识形成、发展和成熟的重要阶段，在这个时期形成的思想道德观对他们一生影响很大。牢固树立社会主义核心价值观，加强思想道德修养，做一个知荣辱、讲道德的人，是党和人民的殷切期望，也是大学生自身全面发展、健康成长的重要条件。新时代大学生要继承和弘扬中华文明优良传统，自觉恪守公民基本道德规范，努力养成良好的道德品质。继承和弘扬中华文明优良传统是社会主义现代化建设的客观需要，是加强社会主义道德建设的内在要求，是个人健康成长的重要条件。中华民族在长达数千年的历史发展中，形成了源远流长的中华文明，内涵丰富、博大精深是中华民族生命机体中不可分割的组成部分，是人类文明发展的重要精神财富，是我们建设社会主义精神文明的丰富源泉。这些优良传统，概括起来主要有以下几点。

(1) 推崇“仁爱”原则，追求人际和谐。

人是社会的人，社会是人的社会。大学生作为年轻的一代、意气风发的一代，应该“推己及人”，关心他人，讲求和睦相处，倡导团结互助，实现社会和谐。

(2) 讲求谦敬礼让，强调克骄防矜。

中国自古就有“礼仪之邦”的美誉，谦敬礼让是中华民族优良的文明道德传统。谦即自谦，虚以处己；敬即敬人，礼以待人。在中国传统文明道德中，谦敬既是个人自身修养的美德，也是为人处世的道德要求。

(3) 倡导言行一致，强调恪守诚信。

在中国古人看来，诚是指一种真实无妄、表里如一的品格，也是道德的根本，故“养心莫善于诚”(《荀子·不苟》)。信是指一种诚实不欺、遵守诺言的品格。诚信的内容和要求是多方面的，但最基本的是以诚为本、取信于人。诚信之德在于言必信、行必果，言行一致，表里如一，讲究信用，遵守诺言。

(4) 追求精神境界，把道德理想的实现作为一种高层次需要。

中国传统文明道德认为，人之所以不同于其他动物，是因为人有道德。因而人们除了有物质需要外，还有精神需要，而一切精神需要中最高尚的需要就是文明道德需要。文明道德需要是对理想人格的追求。

(5) 重视道德践履，要在完善自身中发挥主观能动作用。

中国历史上的儒、墨、道、法各家都认为，在塑造理想人格的过程中，最重要的基石是要奋发向上、切磋践履、修身养性。中华文明优良传统的重要内容还有廉洁自律、宽厚待人、艰苦朴素、勤劳节俭、孝敬父母、尊老爱幼、尊师敬业，以及刚健有为、自强不息、舍生取义、见义勇为、奋发图强等。在长期的历史发展中，中华文明优良传统已经深入全民族的思维方式、价值观念、行为方式和风俗习惯之中。

对大学生进行中华文明优良传统教育，有利于培养他们树立爱国敬业诚实守信的价值观，有利于促进他们形成正确的道德观，有利于引导他们养成坚定的民族精神。继承和发扬中华文明优良传统，既是新时代大学生提高自身素质、形成良好人文精神的重要内容，也是新时代大学生应主动践行的历史责任。

## 五、新时代大学生要树立正确的文明观

对大学生进行文明礼仪教育的根本就是引导他们在知行合一的过程中认同以及形成良好的道德品质和文明行为，全面培养以学铸才、以德修身，努力践行社会主义核心价值观的新时代大学生。文明礼仪教育要紧紧围绕提升大学生思想政治教育工作质量，在工作实践过程中创设新的条件，从大学生入学、成长成才、毕业离校一体化教育全过程实践中回应新形势下社会热切关注的各个方面，进而推动社会主义核心价值观教育的日常化、具体化、形象化、生活化，使社会主义核心价值观内化于心、外化于行，成为他们的群体意识和共同行动。

作为新时代的大学生，要自觉接受文明礼仪规范教育，不仅要用理论知识

武装自己，坚持实事求是的原则，树立与新时代主题同心同向的正确理想信念，还要勇于担当这个时代赋予的历史责任，励志勤学、刻苦磨炼，在激情奋斗中绽放青春光芒。

知识链接

## 四大文明古国

四大文明古国，是广泛流传于中国国内的关于世界四大古代文明的统称，分别是古巴比伦(位于西亚，今伊拉克)、古埃及(位于北非，今埃及)、古印度(位于南亚，地域范围包括今印度、巴基斯坦等国)和中国(位于东亚，今中华人民共和国)。

### 1. 古巴比伦文明

古巴比伦王国出现在公元前 30 世纪。古巴比伦对世界文明最重要的贡献要数《汉谟拉比法典》，这是世界上第一部比较完善的成文法典，为法治文明做出了历史性的示范。在数学方面，一元二次方程，十和十六进位法，将圆划分为 360° ，以及许多不规则图形的面积计算等，这些成果人们沿用至今。公元前 538 年古巴比伦最终为波斯所灭，自此古巴比伦文明便中断了。

### 2. 古埃及文明

古埃及最早的文明大约诞生在公元前 4000 年到公元前 2000 年前期。古埃及为世界留下了许多灿烂的遗产。首先是金字塔、木乃伊以及神庙的出现，这些极具埃及特色的古代事物和建筑成为人们争相探索的对象。其次，象形文字的出现也为古埃及文明的传播提供了一个极好的载体。在医术方面，人们如何利用各种香料制作了千年不腐烂的木乃伊，至今仍是世界未解之谜。

大约在公元前 525 年，古埃及最终被波斯人征服，显赫一时的文明古国自此逐步灭亡。

### 3. 古印度文明

古印度最重要的文明成果之一就是佛教的诞生。佛教诞生于公元前 6 世纪，宣传众生平等，这其中蕴含了古印度人民认识世界的独特方式。在文学方面，印度最具传奇色彩的不朽巨作《摩柯婆罗多》和《罗摩衍那》代表了当时的印度文化；在数学方面，阿拉伯数字沿用至今。

关于古印度文明消失的原因众说纷纭，有学者持有外族入侵说，也有学者持地质与生态文明变化说，但并没有统一的定论。

### 4. 中国文明

中国文明的辉煌程度一度无人能及。古代中国文化在建筑、农学、天文、诗词等方面都有着极高的成就。中国疆域广阔，以长江流域和黄河流域为主要发源地的华夏文化又形成了不同的地域文化，数千年来影响着一代又一代的人。华夏文化不仅仅影响着中国人的风俗习惯，更远播海外，为人类文明的发展起到了不可磨灭的作用。

## 思考与练习

1. 什么是文明、礼仪？
2. 文明礼仪的特征有哪些？
3. 文明礼仪的作用有哪些？
4. 文明礼仪的原则有哪些？
5. 你在文明礼仪方面存在哪些问题？是什么原因造成的？怎么改进？
6. 试论新时代开展文明礼仪规范教育的必要性。
7. 中华文明礼仪自身特性有哪些？
8. 中华文明的主要特征是什么？
9. 新时代大学生如何树立正确的文明观？
10. 新时代大学生如何继承和发扬中华文明优良传统？

# 第二章　新时代大学生行为文明规范

一个人的行为是其道德修养的外在表现，做到行为文明首先要锤炼品德修为。人无德不立，品德是为人之本。止于至善，是中华民族始终不变的人格追求。青年要把正确的道德认知、自觉的道德养成、积极的道德实践紧密结合起来，不断修身立德，打牢道德根基，在人生道路上走得更正、走得更远。

新时代大学生是国家培养的高知识、高技能人才，肩负着复兴强国的重任，其综合素质直接关系到祖国的发展。大学生的行为不仅反映了个人的道德修养，同时也反映了高校和国家文明教育程度的高低，更关系到中华民族的伟大复兴。新时代的大学生不但要具备较高的学识和能力，更要用中国特色社会主义核心价值观武装自己，将社会主义核心价值体系融入日常生活中，锤炼品德修为，按照大学生行为文明规范的要求约束自己，做到明辨是非、恪守正道、保持定力、严守规矩，力求成为能够担当民族复兴大任的时代新人。

# 第一节 校园行为文明规范

校园不仅是知识的殿堂，更是文明的圣洁之地，学生在学校里的行为举止直接折射出学校的文明程度。我国著名教育家陶行知先生说：“播种行为，就收获习惯；播种习惯，就收获性格；播种性格，就收获命运。”就是说良好的行为习惯决定一个人的命运。《礼记·大学》云：“大学之道，在明明德，在亲民，在止于至善。”大学作为知识的殿堂，培养的人才应当是德才兼备、知书达理。文明礼仪和行为规范是青年成长成才的前提基础，也是做人的基本要求，一个人只有具备了基本的做人素质，才能得到长足发展。学生在学校不仅要学习专业知识、文化知识，更重要的是养成讲文明、懂礼貌、重礼仪的道德观念和行为习惯，做合格的社会主义建设者和接班人。

## 一、总体要求

### 1. 遵纪守法，严于律己

法律是调整人际关系最重要的手段，是具有普遍约束力的行为规范。没有法律意识的人，就是没有文明意识的人，往往也会因此影响自己的前途与命运。必须强化自身的法律意识，一定要做到知法守法。爱国与守法，从本质上讲是同等重要的。

中国有句古话：没有规矩，不成方圆。国有国法，家有家规，校有校纪。遵纪守法是一种被人们公认的美德。遵纪是守法的基础。大学生不仅要遵守我国的法律，同时也要遵守学生守则，遵守校规校纪，做到严于律己，从小事做起，从自己做起，时时自省、自律、自重、自警，做一个文明的新时代大学生。

### 2. 爱护公物，保护环境

爱护公物是文明社会人人崇尚的社会公德，更是人类文明的重要体现。学校是一个大家庭，学校里的每一件物品都是公物，如各类教学设备、实验仪器、体育设施等。如果每个人都能做到爱护这些物品，不仅可以延长它们的使用时间，而且也符合建立社会主义节约型社会的要求。这也是一种美德。

美丽校园，首先要有美丽环境。美丽环境需要大家共同创造和守护。只有大家保持卫生，精心布置，我们才可以拥有良好的学习、生活环境。为此，要养成良好的行为习惯，不随手乱掷、乱丢、乱吐、乱撒，不踩折花木，不污损公共设施。

**3. 热爱集体，服从大局**

高尔基说："个人如果单靠自己，如果置身于集体的关系之外，置身于任何团结民众的伟大思想的规模之外，就会变成怠惰的、保守的、与生活发展相敌对的人。"

学校是个大集体，班级是个小集体，宿舍也是一个小集体。在集体生活中，每一位同学都应顾全大局，遵守规章制度，自觉维护集体的荣誉和利益，树立校荣我荣、班荣我荣的思想；要把自己同集体联系在一起，不拖集体后腿；要有集体观念，当个人利益与集体利益发生冲突时，要以集体为重。只有牢固树立高度自觉的大局意识，把个人利益放在大局中去思考、定位、摆布，思想上才不会一叶障目、不见泰山；作风上才不会夜郎自大、自以为是；工作上才不会只见树木、不见森林，才能在复杂形势面前把握正确方向，在大是大非面前不犹豫动摇，在涉及局部和个人利益时坚守高尚追求，经得起考验。实践证明，我们什么时候紧紧围绕中心、自觉服务大局，什么时候就大有作为；什么时候游离了中心、偏离了大局，什么时候就难有作为。如果不顾大局，各自为战、各行其是，就聚不成合力，涉不了险滩。大学生必须要做到认清大局、服务大局、贡献大局。

**4. 尊敬老师，友爱同学**

(1) 尊敬老师。

尊师重道是中华民族的传统美德。中国人讲究"一日为师，终身为父"，一向将老师视作自己的长辈。大学生在校学习期间，应该从内心真正地尊敬老师。这种尊敬，不仅表现在思想中，也要体现在行动上。

尊敬老师，要在日常行动上有所表现。例如：在回答老师的提问或者同老师交谈时，学生不可以坐而不立；当老师站立时，学生要主动起立，得到老师允许后方可坐下；与老师一同外出行走时，学生应当主动请老师行走在前，或使之居于内侧；与老师一同就座时，学生理应请老师先就座，并使之居于上座；离开座位时，一般不允许学生抢行在老师之前；出入房门、上下楼梯、乘坐车辆时，学生亦须处处对老师礼让。

与老师接触交往时，不论是否熟悉，均应在态度上毕恭毕敬，绝对不可过分随便。例如，路遇自己认识的老师时，不管双方置身于校内还是校外，学生均应主动问候老师，并向老师欠身施礼。

(2) 友爱同学。

同学是指同一时段在同一学校或师从同一位老师学习过的人，包括同班同学、同级同学、同院(系)同学、同校同学。大学生往往集体住宿，同学之间朝夕相处，其友情可以说是人类最深的情感之一。同学之间应当团结友爱，共同进步。

马克思说过："你希望别人怎样对待自己，你就应该怎样对待别人。"与同学相处，不论自己与同学关系如何，均应对其表现出应有的尊重，对同学以诚相待，宽容友善，才能做到团结友爱。首先要做到以诚待人，就是要求自己心口如一、言行一致、信守承诺。在我国古代有一诺千金之说，新时代大学生在人际交往中则更应遵守承诺，要慎于承诺，有诺必践。但凡许诺于人，一定要经过深思熟虑，切勿草率从事。承诺必须兑现，方可取信于人。其次要做到宽容友善，就是要求自己谦虚随和、助人为乐、宽容理解别人。新时代大学生要学会站在对方的立场和角度去看待问题，理解对方的喜、怒、哀、乐、忧；尤其是要善于原谅别人的过失。古语云"有容乃大"，古今中外能够成就大事之人，通常都具有容人之雅量。

"一花独放不是春，百花齐放春满园"(《古今贤文》)，面对同学的进步，既要为同学高兴，对同学有所鼓励，又要及时地进行自我对比、自我检查，努力使自己比、学、赶、超，实现共同进步。2019 年湖北工业大学工程技术学院西苑某宿舍四名男生同时考上了研究生，真可谓是"励志寝室"，2019 年山东财经大学同寝室 6 名女生同时考上 985 高校的研究生。近些年来，类似的报道频繁出现。究其原因，一方面是个人努力，另一方面离不开舍友之间的鼓励和带动。与同学相处时，若是真正地关心、爱护对方，就应当与其互相促进，互相提高。

### 5. 勤奋学习，自强不息

作为一名新时代的大学生，要增强学习紧迫感，如饥似渴、孜孜不倦地学习，努力学习马克思主义立场观点方法，努力掌握科学文化知识和专业技能，努力提高人文素养，在学习中增长知识、锤炼品格，力求使自己不辜负美好的青春年华，不辜负家长和老师的殷切希望，在学业方面取得长足的进步。

“天行健，君子以自强不息”(《易经》)，激励着一辈又一辈人奋进努力。梁启超指出：“君子自励，犹天之运行不息，不得一曝十寒；不应见利而进，知难而退，而应摈私欲尚果毅，见义勇为，不避艰险，自强不息。”自强是一个人奋发向上的动力，是一种骨气，是一种积极进取、不懈追求的品质。新时代大学生要自强不息，为人生的理想执著追求，不断战胜自己，达到新的高峰。

## 二、具体规范

### 1. 教室行为文明规范

教室是学生学习的最重要场所，也是师生交流、同学相处最集中的地方，它是一个严肃的场所。严格遵守教室行为文明规范，可以创造一个良好的学习环境，并为今后的学习、工作奠定基础。

(1) 爱护公共设施。

不在门窗、桌椅、墙壁上涂写、刻画、踩脚印和随意张贴字画，尤其是不得悬挂他国的国旗、国徽等，不随意挪动和搬出室内配备的桌椅和电器设备；随时检查桌椅、门窗、照明、电源插座、黑板、讲台等室内设备是否完好，如有损坏及时报修。要厉行节约，节约用电、用水，离开教室时随手关灯，坚决杜绝长明灯、长流水现象。

(2) 保持卫生和秩序。

在教室里随时保持安静、整洁，才能维持良好的学习生活环境。同学们应该做到不随地吐痰，不乱扔纸屑、乱倒垃圾，不吃零食，更不可以吸烟。如果因为学习需要而产生了垃圾，下课时应随身带走分类放入垃圾箱中。教学楼、走廊内也应保持安静，不得大声喧哗、追逐打闹等。在走廊里行走时要靠右行，不要快速奔跑急拐弯，以免发生意外。

同教室一样，实训室是学生学习技能的另一个重要场所。进入实训室除遵守教室行为文明规范外，还需要遵守实训室各项规章制度，服从任课教师及管理人员的安排，注意安全操作。

(3) 遵守课堂秩序。

遵守课堂秩序，首先要做到上课不迟到，不早退。如果有特殊原因迟到，在得到授课教师允许后方可进入教室，进入教室时尽量避免给其他人带来干扰。其次要遵守课堂纪律，认真听讲，积极思考，勤做笔记，不做与上课无关的事情，譬如睡觉、玩手机、吃零食、说悄悄话等。课堂上如果对老师讲述的内容有不同意见，最好在下课后单独找老师说出自己的看法，与老师共同探讨。倘若是必须在现场解决的问题，也要注意提问方式，态度要谦虚恭敬并且诚恳，不可扰乱课堂秩序。

(4) 不发表不当言论。

不发表违背国家法律、政策，违背中央决定的言论。不参与泄露国家秘密的活动。不制造、传播谣言及丑化他人的言论，对不了解具体情况的事情，不发表言论。

### 2. 宿舍行为文明规范

宿舍是学生生活的重要场所，也是反映学生精神文明和道德修养的窗口。同学之间，由于生活、作息、卫生、语言等习惯的不同，集体生活难免会发生各种摩擦和冲突。为了尽量避免这些摩擦和冲突的发生，宿舍生活要从集体角度出发，文明起居，尊重同学，不要因为个人的习惯和需要而影响大家的利益。

(1) 整洁有序，干净卫生。

保持寝室整洁，坚持天天打扫卫生，定期清洁地板、橱柜和门窗。被子应按统一要求叠放；毛巾等要挂整齐；脸盆、口杯等其他洗漱用品应有规律地放在指定的地方。注意个人卫生，勤洗澡，勤换衣物。换下来的衣服、鞋袜、床单等要及时清洗和晾干，未洗之前不可乱丢乱放。即便是水果，也要将果皮、果核分类放入垃圾箱内。

(2) 遵守时间，勿碍他人。

集体生活的最大特点就是要求所有成员做到规律。按时作息，就寝铃声响后立即关灯，按时就寝。上床前要主动关好门窗，注意安全，上床时动作要轻，尤其是睡在上铺的同学，上下床不要影响下铺的同学就寝。就寝时间应避免躺在床上看书、听音乐、与同学聊天等行为，以免影响他人休息。

(3) 关心同学，互相帮助。

生活在同一个宿舍的同学，要互相尊重、互相爱护、互相关心。但关心也应有限度，如果过分热心别人的私事，也可能会侵犯他人的个人权利。假如有意或无意地干预别人的私事，可能会造成难堪的后果。正确的做法是：一是不私翻、私看别人的日记、手机、电脑等；二是不打探别人的隐私；三是当同学有亲友来访，谈一些私事时，其他同学要适当回避。

在使用公共设施的时候，要有序排队。要注意礼让，先人后己。

(4) 登门访友，有礼有节。

如有同学相邀，待得到宿舍其他同学允许时，才可以登门拜访。进门后，应主动向其他同学打招呼；不能随处乱坐，应坐在邀请者的铺位上；若落坐他人铺位，需经对方许可，方可就座。不能乱用别人物品；不要乱翻动别人的东西；讲话声要轻，切勿大声喧哗；不宜停留太久，以免影响其他同学的正常安排。

到异性同学的宿舍，除注意上述要求外，还要注意：进门前要打招呼，在得到同学允许后方可进入；选择好时间，不要选择大多数同学处理生活私事的时候，更不要在熄灯后访友；男女谈吐要文雅，逗留时间要短暂。

接待亲友或外人来访时，在亲友或外人进入前，自己应先向宿舍的同学打招呼。亲友或外人进宿舍后，自己应主动向同学作介绍。如果是异性朋友来访，自己更要先与同学说明情况。同宿舍同学也要礼貌待客，这样既尊重了客人，也尊重了同学。

不要随便留外人住宿，更不要留不明底细的人住宿，以免发生意外。

### 3. 餐厅行为文明规范

民以食为天。学校餐厅是学生生活又一个重要的公共活动场所。在餐厅，人们的一举一动随时会进入别人的眼帘，成为自身形象最直接的“表白”。

(1) 勤俭节约。

“一粥一饭，当念来之不易；半丝半缕，恒念物力维艰”(〔清〕朱柏庐《朱子家训》)。新时代大学生要用一颗感恩的心指导自己形成并自觉践行简约适度、绿色环保的生活方式，反对奢侈浪费和不合理消费。这就要求我们爱惜粮食，理性消费，按需点菜，反对浪费。就餐做到不剩饭菜，使用低碳环保餐具，杜绝使用一次性筷子及餐盒。

(2) 注意公共卫生。

餐厅内不可随地吐痰，不可向地面泼水、扔杂物。用餐后，要将餐具放到指定的地方。骨、刺等餐余垃圾可放到餐具或自备的其他盛具里，待用餐完毕后一并送到指定的地点。

(3) 遵守秩序。

有秩序地进入餐厅，不要冲、跑、挤。取饭时，应该互相礼让，不拥挤、不插队。就餐座位可能有限，不要抢占座位。

(4) 与人方便。

餐厅里不大声喧哗，不做影响他人就餐的事情。就餐时人多拥挤，若不慎发生了摩擦及小纠纷，应主动说声“对不起”。如遇座位紧张，应抓紧时间用餐，以方便他人就餐。

(5) 尊重他人。

在窗口打饭时，别忘了对师傅们说声“谢谢”，话虽简单，但这是对师傅们辛勤劳动的肯定和感激。就餐时，如发现饭菜有异物或质量问题，可找有关管理人员有礼貌地说清楚，以帮助食堂改进工作，提高服务质量。就餐高峰工作人员顾不过来时，要耐心等待，不要敲柜台、餐具或挥舞手臂大声喧哗。

(6) 维护个人形象。

就餐时还需注意一些细节问题，以维护个人形象。比如打喷嚏、剔牙应以手掩口，不对着别人；进食时，不要随意讲话。

**4. 图书馆行为文明规范**

图书馆是知识的海洋，是科学的殿堂，是文明典雅的象征。同学们在这里查阅资料、借阅图书和学习，应共同维护公共秩序，营造良好的学习氛围。

(1) 爱护公物。

置身图书馆，要自觉保持馆内陈设整齐，不随意挪动和毁坏损毁阅览桌椅和其他设备，或在其上涂写、刻画，要自觉维护各阅览室的书刊排序。图书馆的书刊资料属于公共财产，阅览时应注意保护，爱护图书文献，不在书刊上签名、乱写乱画、折角(页)、裁剪开窗挖洞，不损坏书刊标签。更不得私藏、偷窃图书资料、计算机零部件和其他物品。

(2) 遵守借阅制度。

借阅图书文献要自觉办理借阅手续，不擅自将未办理借阅的图书文献夹带出馆，要按期归还图书文献，给别人留出阅读的时间，提高书刊利用率。对开架图书应逐册取阅，不要同时占有多份。

(3) 维护馆内卫生。

我们到图书馆学习有义务保持卫生清洁。雨雪天进图书馆时，应注意把雨具放在指定地点，还要把鞋底的泥水弄干净，以免溅到其他读者身上或把图书馆的地面弄脏。

在图书馆阅读时，不乱扔纸屑，不随地吐痰，不吃零食或嚼口香糖。离馆时，要把书刊放回原处，不要随便放在桌子上。自己的纸笔要记着带走，废弃的纸张应自觉放到馆内的垃圾篓或带到馆外扔到垃圾箱内，自觉把桌椅复归到原位。

(4) 保持安静。

一个“静”字，凝练地归纳了图书馆应遵守的行为规范。进入图书馆，要求读者做事要轻手轻脚，说话要轻声细语，除饮用水外，不带入任何零食和水果，自觉将手机关机或设置为静音模式，不接打手机，以免影响他人。要尽量少说话，遇到朋友最好以点头微笑的方式打招呼。如果确需交谈，应简明快捷，附耳低语；较长时间的讨论应到室外。

(5) 举止文雅。

图书馆是公共场所，读者应讲究文明用馆，举止文雅，不在馆内追逐打闹，不过于亲昵。借还图书时，应自觉排队，双手将书递到工作人员手中，并注意使用“您好”“请”“谢谢”等礼貌用语。如果借、还书的人很多，要耐心等待，不可连声催促工作人员，也不可走来走去。言行失当会遭到别人的鄙视，降低自己的品位。

☞ **案例 2.1**

### 闻 鸡 起 舞

晋代的祖逖是个胸怀坦荡、具有远大抱负的人，可他小时候却是个不爱读书的淘气孩子。进入青年时代，他意识到自己知识的贫乏，深感不读书无以报效国家，于是就发奋读书。他广泛阅读书籍，认真学习历史，从中汲取了丰富的知识，学问大有长进。祖逖和好友刘琨有着共同的远大理想：建功立业，复兴晋国，成为国家的栋梁之材。他俩担任司州主簿时，每天鸡叫后就起床练剑，无论严寒酷暑，从不间断。功夫不负有心人，经过长期的刻苦学习和训练，他俩终于成为能文能武的全才。祖逖被封为镇西将军，实现了他报效国家的愿望。刘琨也做了征北中郎将，兼管并、冀、幽三州的军事，也充分发挥了他的文才武略。

人的青春只有一次，作为新时代的大学生，正值青春年少，应该像祖逖一样努力奋斗。现在，青春是用来奋斗的；将来，青春是用来回忆的。

☞ **案例 2.2**

每年的四月份是各大高校研究生录取结果出炉的时期。2019 年 4 月，山东财经大学燕山校区 11 号楼 413 宿舍捷报频传，该宿舍 6 名女生全部被 985

高校录取为硕士研究生。复习期间，有不会的题她们就写在便笺纸上，吃饭时交换来做，几个月下来便利贴已能铺满一桌子。舍友们彼此营造的良好备考氛围，是她们能成功的重要因素。其中一位舍友说："当最后一个人获得录取通知书时，我们感觉共同完成了一件大事。"

(摘自《济南时报》2019 年 4 月 25 日)

### ☞ 案例 2.3

某日清晨，一位同学正在教室抱着一桶方便面，埋头大吃。这时预备铃声响了，又有一位同学拎着包子和豆浆，疾步走入教室，准备在教室开餐。此时教室里弥漫着一股包子味、方便面味，甚至还有人发出咀嚼声。有一位同学无奈地对刚进入教室的老师说："老师，我实在无法忍受了，请您把他们请出教室吧。"

# 第二节　公共场所行为文明规范

公共场所是可供全体社会成员进行各种社会活动的公共空间，例如交通工具、影剧院、展览馆、博物馆、公园、商场等。公共场所是人们生活中不可缺少的重要活动场地，是反映一个国家、民族物质条件和精神文明的重要窗口，其最显著的特点就是它的公用性和共享性。每一个人除了个人生活、家庭生活之外，必不可少地要置身于公共场所，参与社会生活。一个人在公共场所的行为，正是他价值取向、思想品德、礼仪修养的外在表现，折射出他作为现代人的一种文明素质。遵守社会公共文明行为规范的人，是有文明涵养的，也是受人敬重的。对于社会而言，行为文明是新时代社会的一种文明品质，意味着社会成员懂得自我约束、懂得尊重他人、懂得尊重自然，体现整个社会的文明程度。

新时代大学生应该自觉践行社会主义核心价值观，用社会公共文明行为规范要求自己，做到礼让、包容、理解及互助。

## 一、总体要求

### 1. 自尊自爱

自尊自爱是中华传统美德，它要求我们首先要爱惜自己、尊重自己，只有这样才能得到他人的尊重和关爱。俄国作家屠格涅夫曾说：“自尊自爱，作为一种力求完善的动力，是一切伟大事业的渊源。”自尊自爱就是从身体、仪表到行为、心灵，都要维护自己作为一个人的尊严。只有自尊自爱的人才能自觉地以社会公认的道德准则来规范自己、约束自己。

### 2. 爱护环境

爱护环境，要求同学们必须牢固树立社会主义生态文明观，充分认识人与自然是一个生命共同体，自然界的山水林田湖草，乃至所有的生命，都和我们人类是一个共同体。人与环境一荣俱荣、一损俱损。我们每个人必须自觉地采取文明行动，像保护眼睛一样保护生态环境，像对待生命一样对待生态环境，从我做起、从现在做起、从小事做起，大力践行人与自然是生命共同体的理念，爱护环境、保护环境、尊重自然。

### 3. 遵守公德

公德，即社会公德，是指人们在长期社会生活中，根据客观需要形成的，为了维护整个社会生活的正常秩序而共同遵循的约定俗成的公共生活准则。它以种种秩序、规则维护着社会的稳定和公共场所的良好秩序。公德是做人的基本要求，公共场所行为文明规范从属于社会公德，并且以更为具体的形式和要求来体现。

遵守公德，就是要求人们在公共场所活动时，要具有维护社会公德的意识，自觉、自愿地遵守、履行社会公德。遵守公德，是对集体的尊重，也是对自己的尊重。一个人的行为好坏，直接影响到他人和集体。

### 4. 勿碍他人

在公共场所要学会不打扰别人，这是一种教养，也是一种道德。勿碍他人要求每个人都应当有意识地检点、约束自己的个人行为，并要尽一切可能，自觉地防止自己的行为影响、打扰、妨碍到其他任何人。有一位哲人说过："给别人多一点空间，也给自己多一点自由，在不妨碍他人的同时，自己也得到了一个安静的环境。"在公共场所，除了要规范自己的行为，还应当注意随时与他人保持适当的距离。

### 5. 遵时守信

遵时，就是要遵守规定的时间或约定的时间。守信，就是要讲信用，对自己的承诺认真负责。遵时守信是社会主义核心价值观"诚信"的具体表现，是一个人最基本的素质，也是对他人的礼貌和尊重。

鲁迅说过"时间就是生命，无端的空耗别人的时间，其实无异于谋财害命"。当今社会，在各种社会交往中，遵守时间是极其重要的文明行为。因此，新时代大学生应当养成守时的好习惯，参加聚会等各类社交活动时，应当准时到达或稍稍提前到达。如果因故不能准时到达，应当提前通知对方，以便让对方另作安排。

"言必行，行必果"（《论语·子路》），中国自古以来就是一个信守承诺的国家，讲究言而有信，有诺必践，答应别人的事一定要认真去做好。如果是自己能力不及的事情不要随便答应，千万不要因为面子或争强好胜而勉强承诺别人。

## 二、具体规范

### 1. 交通出行行为文明规范

孔子曾说："出门如见大宾"(《论语·颜渊》)，这句话强调的是一个人走出家门，见到每一个人都应该像见到贵宾一样以礼相待。文明的交通出行行为不仅彰显城市形象，而且关乎宜居环境，更体现人民素质。当文明出行成为每个人的自觉行动时，社会才能文明和谐。

(1) 徒步。

徒步是我们每个人每天都要进行的活动，尽管是件司空见惯的事情，但它可以反映出一个人的修养。

① 遵守交通规则。

行走在道路上，尤其是在交通干道上行走时，必须严格遵守交通规则。一定要选择人行道，若是没有明显的人行道，也要尽量靠路边行走，千万不要在机动车道上行走，更不要行走在道路的正中央，或者有意与车辆抢夺道路。需要横穿道路时，务必要走指定的过街人行横道，或是专用的过街天桥、地下通道等，千万不要随意横穿马路，或是任意跨越专用的隔离栏。为了确保交通的顺畅，我国有关法律规定，不论是行人还是车辆，在道路上一律应当靠右侧行进。通过路口时，应遵从红绿灯的指示。

② 找准位置。

《礼记·曲礼上》所讲的"行不中道，立不中门"，意思是走路不要走在路中间，站立不要站在门中间。这就要求我们无论站立还是行走，都要讲究位置。在正式场所里，两人并行的时候，右侧、内侧为尊；三人并行，中间为尊，右边次之，左边更次之；两人及两人以上前后行走的时候，前者为尊。

③ 展现风度。

在路上或者公共场所内行走时，难免会路遇他人。与他人一道行进时，一定要礼待他人，保持风度。通过狭窄之处或门庭时，可请他人率先通过。需要让路时，应当立即采取行动。不小心碰撞、踩踏别人之后，则应立即向对方致歉。得到他人的礼让、帮助后，应当道谢。切不可自高自大、目中无人、蛮不讲理。在道路狭窄之处，应当快速通过，不要逗留。还应注意，不要在通过道路狭窄之处与同行者并行，尤其是不要与其勾肩搭背，搂抱而行。

④ 约束行为。

即便是一个人独来独往，外出行走之时，亦应对自己严格要求。一是不要边走边吃，不仅吃相不雅、有损个人健康，有时还会妨碍他人。二是检点举止，尤其是与异性外出时，动作不宜过分亲昵，使自己显得轻浮浅薄。三是自觉维护公共秩序，不要在路上久驻围观看热闹，更不能成群结队在街上喧哗打闹。四是不要对陌生人过分好奇，极其失礼地指点、议论对方，或者长时间地尾随其后。五是不要边走边看手机，安全为大。

(2) 乘坐公共交通工具。

交通工具已经成为现代社会人们日常生活的重要组成部分。无论乘坐哪一种交通工具，都应遵守一定的文明行为规范。

① 上车排队。

如果等候的人较多，应该自觉地以先后为序，排队候车、上车。排队时，应站在站台上，不要拥挤到马路上，妨碍交通。车辆进站停稳后，按顺序依次上下车，不要蜂拥而上，挤作一团。上下车时，对行动不便的老人、孕妇、病人、残疾人以及其他需要帮助的人给予帮助。

② 礼让他人。

乘坐公共交通工具时，如有可能应与其他人的身体保持一定距离。不要把腿伸到过道上，不要跷二郎腿。有人通过时，应主动礼让。在公共交通工具上，应该把自己随身携带的物品放到适当的位置，不要让它占座位、挡路。不要在车上吃东西，特别是那些气味浓、汁水多或容易掉渣的食品，以免弄脏车厢或他人的衣物。

乘坐公共交通工具时，要尽量保持安静，不要制造妨碍他人学习或休息的噪声。在交谈、收听音乐、打扑克牌、玩游戏机或者接打移动电话时，声音愈小愈好。即使是走动、取物、开关门也要轻手轻脚。

③ 下车应提前准备。

准备下车时，如需他人让路，应有礼貌地先打一声招呼，或说“借光”“劳驾”，不要默不作声地猛冲硬挤，更不要发脾气或出言不逊。万一自己不小心踩踏了别人，应立即道歉。他人因此向自己道歉，则应大度地表示“没关系”。

④ 适度交际。

乘坐公共交通工具时，可以与自己周围的乘客在两相情愿的前提下进行适度的交际。主动找人交谈时，不要勉强对方。他人找自己交谈时，一般应当予以合作。不管与任何人交谈，都要注意态度、内容，既不要目中无人、言词傲慢，也不要信口开河、东拉西扯。

### 2. 游览观光行为文明规范

游览观光，是一种常见的休闲形式，既得到放松，又增长知识、开阔眼界、陶冶情操。越来越多的人认识到，在游览观光的路上，行囊里“文明”必不可少。文明程度的高低，决定着游览观光的品质，也影响着公共生活的质量。

(1) 保护环境。

游览观光的地方，多为公共场所。此处的一山一水、一草一木都为公众所有，任何人都没有理由去毁坏大家共同享有的休闲空间，每一位游客都有维护环境整洁的责任与义务。

首先，要爱护公物。大到公共设施、文物古迹，小至树木花草，均应严格遵守有关规定。不准乱摸、乱碰、乱采、乱折；不得随意践踏毁坏；不要触摸珍贵的文物展品；不能戏弄游览点的动物；不在树木、建筑物上乱刻、乱画；不用树木为承重载体做各种运动；在照相时不拉扯树木的花枝。

其次，要保持安静。在需要静谧观赏的地方，不要随意大声喧哗、嬉笑打闹。在公共场所尤其是园林里联欢、唱歌、跳舞、做游戏时，要自觉降低音量。

最后，还需保持卫生。在游览观光期间，尤其是在有明文规定不准吸烟之处不要吸烟。游览观光时也不要乱扔果皮、纸屑、塑料袋、饮料瓶等垃圾，更不要将其抛入山林、沟壑、湖泊、水池、下水道、动物饲养室等地，应根据垃圾的类型分别投入相应的垃圾箱内。不污染景点内的水资源，保持水域环境卫生。

(2) 遵守秩序。

在游览观光期间，要服从工作人员的管理。遇到购票或观看某景点的人较多时，要自觉排队，讲究先后顺序；景区清园后，不继续逗留、露宿，不翻越、毁坏围墙和围栏。

大家集体游览观光时，若分散活动，务必在约定集合时间前到达指定地点，以免让他人等候、耽误行程。

(3) 以礼待人。

在游览观光时，如走在狭窄的曲径、小桥、山洞时，要主动给老弱妇孺让道，不争先抢行。如果不小心冒犯了他人，应及时致歉，不要与之发生纠纷。若有人向自己微笑或打招呼，应立即予以回应，不可不予理睬。不要尾随他人，或是悄悄地旁听他人的介绍与交谈。

与恋人或家人一起游览时，要讲究公共道德。所到之处要入乡随俗，尊重当地的风俗习惯和一些宗教戒规。恋人或夫妻之间不能表现得过分亲昵，对自己同行的孩子亦应严加管束。

游览观光过程中需要休息时，自己所确定的休息之处应尽量与他人保持一定距离，免得彼此不便。确实需要在他人附近就座时，要征询对方的意见，如遇他人这样的询问，则应当欣然答应。既不要一人霸占多个座位，也不要替他人占座，更不可以与他人争抢座位或在座椅上睡觉。

(4) 文明拍照。

在游览观光时，拍照也需要遵守一定的规则。在景点拍照时，应该互相谦让，按照先后顺序进行，避免与他人为抢好位置、好角度而发生不快；轮到自己拍照时，应抓紧时间尽快结束，不要长时间占用景点。

拍照时，发现有人走近而妨碍镜头时，应礼貌地向其打招呼，或者等其过去再拍。大声叫嚷、斥责或是上前推拦只能带来矛盾和不快。同样地，我们也应该给其他正在拍照的人以方便，当必须穿过别人正在拍照的地点时，应先示意。需要他人帮助时，要有礼貌地提出，在拍完后，不要忘了向对方道谢。

有的文物、建筑物不准拍照、摄像或者不得使用闪光灯拍摄，对此类规定我们亦应认真遵守。

### 3. 观看演出行为文明规范

对大学生而言，独自一人或者与家人、同学、朋友一同前往影剧院观看电影、戏剧或其他演出，乃是人生一大雅趣。为了提升社会文明程度，展示个人文明形象，营造安静、优雅的欣赏环境，在观看演出时，应自觉遵守有关行为文明规范。

(1) 入场与退场。

观看正式演出之前，一定要提前购票，凭票入场，对号入座。提前一刻钟左右进入演出场所。如果有事迟到，最好在幕间休息时入场。如果是看电影，应跟随服务人员悄然入场，并尽可能放轻脚步。走向自己的座位时，如果需要从已经落座的人士面前通过，应当先向对方说一声“对不起”，随后面向对方侧身通过，尽量不要碰撞对方的身体；万一碰撞了对方，须立即致歉。与此同时还应注意与别人一同观看演出，应将较好的位置让给对方。有人占了自己的座位，应有礼貌地请对方相让。在任何情况下，都不要随意占据他人位置，也不要与他人挤占同一个座位。

演出未结束，若有急事中途退场，应轻声离座，并尽可能利用幕间退出。

否则既影响别人观看，也是对演员的不尊重。演出结束时，不能为抢先出场而离座，宜在演员谢幕后依次而行，有序退场。

(2) 遵守规定。

在影剧院观看演出，通常有一些比较特殊的规定必须遵守，主要包括：欣赏歌舞剧、音乐会，往往要求观众衣着正式；出于版权等方面的考虑，一般的商业性演出，都不允许观众拍照、录像或录音；为保证观众健康，几乎所有的影剧院都禁止在场内吸烟；如果没有十分特殊的原因，演出期间观众不应随意走动。

(3) 文明观看。

在观看演出时，观众的最佳表现是：专心致志，全神贯注，既不妨碍演员的表演，也不影响其他观众的观看。

① 保持安静。

观看演出时，每一名观众都要自觉保持安静。进入演出现场，自觉关闭手机，或将手机调至静音状态。其间不应与同伴窃窃私语，或是对演出评论，最好别吃东西，尤其是不要吃带壳的食物，也不要喝易拉罐装的饮料。如果邻座的人在聊天，应当采取适当的办法，友好地表达自己的意见，巧妙委婉地制止对方谈话。

② 专心观看。

演出期间，不睡觉、看报、听音乐、干私活，或是对别的观众注意过多；不要随便走动或在座位上左右晃动；此外还需注意不要戴帽子或坐得过高。

③ 注意形象。

就座时，要做到悄无声息，坐姿优雅，切勿将座椅弄得乱响，或是坐得东倒西歪、前仰后合，甚至脱下鞋或将脚乱伸、乱跷、乱踏。

④ 保持卫生。

尽量不带食物进场，退场的时候要清理自己使用过的物品，最好随身带一个小袋子，待演出结束后把垃圾装进袋子带出场外，并按类别放到指定的垃圾箱内。

(4) 尊重演员。

当演员登台表演或演完退场时，观众应当热情、友善地对演员鼓掌，以示欢迎或者感谢。当演员的表演异彩纷呈，或是完成了高难度的演出动作时，观众可在适当之机，为之热烈欢呼，并且鼓掌致贺。但这些做法，应以不妨碍或打断演员的演出为宜。

遇上自己所喜欢的演员，可以鼓掌要求其加演节目，但要适可而止，切勿因此而打乱演出。给演员献花，应选择适当的时机，一般在演出结束或演员谢幕时较好。请自己喜爱的演员签名，也应分场合和情况，缠住演员不放是很失礼的行为。

演出结束后，演员登台谢幕时，全体观众应一致起立鼓掌，再次对他们的精彩演出表示感谢，不要视若无睹、扬长而去。

(5) 理智追星。

社会发展需要偶像，需要认同。追星可以给我们带来群体认同，也可以丰富我们的生活，但非理性的追星行为，则会给我们的生活和身心健康带来不良影响。曾经有一个女孩，热衷于追星，他的父亲为了给她筹措见偶像的费用，不惜卖房、举债，甚至卖肾，最终被她逼得跳海自尽。我们应该理智追星，学习偶像的优点、良好品质和成功之道，而不是盲目地去追星，把明星当作生活的全部。

**4. 参观展馆行为文明规范**

博物馆、艺术馆、展览馆等各类展馆是人们增长知识、陶冶情操的最佳场所，也是传递文明记忆、呈现文明魅力的窗口。展馆作为高雅艺术的殿堂，要求观众遵守文明行为规范，这不仅是为了不影响他人，更重要的是面对展出的文明成果，需要保持足够的崇敬之心。

(1) 领取资料。

在一些展馆大门口或各个展厅入口处，时常向观众发售特意印制的画册、说明书和多种纪念品。这些物品有时会免费向观众发放，在索取有纪念意义或保存价值的资料时，不要乱抢乱哄，重复领取。如果对工作人员散发给自己的资料不感兴趣，亦应客客气气地接过来，说一声“谢谢”，回家以后再做处理。干脆不接，当场拒绝，接过之后马上弃之于地，或是在展厅内外随地乱扔，都是非常失礼的行为。

(2) 保持安静。

展馆同图书馆一样，也是一个十分注重安静的场所。参观者在馆内应该始终保持肃静，尽量不高谈阔论，更不能大声喧哗。如果需要同他人讨论和交流，尽量低声细语，不要影响他人。有些参观者在参观时看到一些令人赏心悦目的展品，常常会兴奋地招呼同伴来看，高声呼喊同伴的名字；也有人自认为有一肚子学问，在那里品头论足，自问自答，充当“义务讲解员”。这些行为都会导致馆内秩序混乱，影响他人参观的情绪，分散他人的注意力，是不文明的行为。

(3) 聆听解说。

展馆里往往设有专门的解说人员，如有解说人员向观众介绍展品，可以跟随其前进，并且耐心聆听其解说。遇到自己不明白之处，或是感到解说人员语焉不详，可以有礼貌地提出自己的疑问，但最好是在适当的时机请对方再作一些更为深入的介绍。不要中途打断解说人员的介绍，更不要跟其贫嘴，甚至故意提出一些难于解答的问题。解说人员若没有回答或回答不了自己的问题，也不要给人家脸色看。

(4) 用眼不用手。

展馆里的展品一般都是十分珍贵的，具有极高的艺术价值和历史价值，其中一些是国宝和珍贵物品。伟大的展品，是全人类所共有的无价之宝，每一位观众理当自觉加以爱护。但少数参观者在参观时总觉得“不过瘾”，一定要亲手摸摸展品，悄悄留下“标记”，用手指叩击以观察其质地，用带电筒的放大镜近距离欣赏，这些做法对展品是一种极大的伤害，甚至会有破坏作用。很多展馆都有“不要触摸展品”的规定，对于那些价值极高的展品，展馆也采取了设玻璃罩、隔离线等保护措施，但不是每一件展品都有防护措施。所以在参观时，应注意查看展品旁的说明，这样做既可以了解展品的基本情况，也会对其价值做出判断。有些展品的说明文字中会有明显的“禁止触摸”标志，参观者应留心查看。

(5) 检点举止。

尽量不要在展馆里吃东西。万一饥饿、干渴至极，可以在展馆内附设的商店购买一些食品、饮料，就地吃喝掉或在休息厅里享用。不要一边欣赏展品，一边有滋有味地吃吃喝喝，这样只会使人感到自己用心不专或心不在焉，而且还会使在场的其他观众感到不快。

欣赏展品时，应以礼待人。展馆内观众比较多时，不要拥挤，应按顺序边看边走。超越他人时要讲礼貌，不要从他人面前通过，以免妨碍他人观赏；如果必须从他人面前通过，不要忘了说一声“对不起”。别人从自己面前走过时，应侧身让行。如果非常欣赏某一展品，也应当给别人一些机会，不要自己独霸此地。自己前面的观众停留的时间稍长一些，应耐心等待，不要嘀嘀咕咕，怒目而视，想方设法赶走对方。

**5. 参加宴请行为文明规范**

宴请是一种非常重要的社交活动，无论组织者还是参加者，往往不是为了满足口腹之欲，而是希望以宴会友，通过宴请活动拓展自己的人际关系。孔子曾说过：“夫礼之初，始诸饮食。”(《礼记 · 礼运》) 虽然宴请不是非常严肃的社交活动，但用餐时的细节涉及个人的修养与素质，往往能决定事情的成败，所以要时刻注重个人的行为举止。

(1) 邀请宾客。

宴请，首先要确定宾客名单，切忌把毫不相干、心存芥蒂的客人放在一起宴请，以免出现不快和尴尬；然后提前向宴请对象发出邀请。通常邀请的方式有书面、电话和口头邀请三种方式，无论哪种方式都应该合乎文明礼仪的要求。一是内容清晰，把邀请目的、时间及地点交代清楚；二是要注意态度，具体要求称谓正确，书面邀请字体端正，口头邀请热情大方。

(2) 点菜。

作为宴请的主人，需要确定宴请的菜单。确定菜单应考虑宴请的目的、形式、规格与客人的身份，做到量入为出，力求不超支、不乱花钱、不铺张浪费；选菜要考虑主宾的口味、喜好、禁忌与健康状况。如果主人请客人点餐，在点餐时需要注意体谅对方，切勿抱着“不吃白不吃”的心态，大宰主人。其实我们可以考虑如下做法：一是告诉主人自己没有特殊要求，请对方做主；二是自己点一个价格不太贵的菜，之后请其他人各自点菜。

(3) 座次。

我们常说“坐，请坐，请上坐”，由此可见座次很重要，主人一定要将“上座”主动让给主宾，而一些没有安排座次的宴请活动，宾客应该自觉地选择适合之处就座。

所谓上座，通常有以下六种情况：

① 面门为上，即宾主相对而坐时，面向屋门者为上座，背对屋门者为下座；

② 以右为上，即宾主双方面对屋门并排就坐时，右侧的位置在座次上高于左侧的位置；

③ 以远为上，即宾主双方并排在屋门的一侧就坐时，以距门远者为上座，以距门近者为下座；

④ 居中为上，即座椅有中央、两侧时，应以位于中央的位置为上座；

⑤ 高座为上，即座椅有高有矮时，应以高者为上座；

⑥ 舒适为上，即较为舒适的座椅应当被视为上座。

(4) 餐具的使用。

中餐的主餐具一般有筷、匙、碗、盘，其在用途上往往有许多的讲究和门道。在宴请活动中，我们要注意餐具的使用之法。

中国的筷子是十分讲究的，在使用筷子时应注意以下几点：

① 忌跨放筷子，即筷子不用时，要摆放在碗旁的筷架上，或搭放在自己的碗或盘边缘，不能直接放桌上或跨放在碗、盘上；

② 忌插放筷子，即不能把筷子插在饭碗里，根据民俗只有祭祀送葬时才这样做；

③ 忌敲筷子，即不可以用筷子随意敲打餐具或指点对方；

④ 忌吮吸筷子，即不要在吃饭时把筷子放进嘴里吮吸，这样给人一种不卫生的感觉，更有甚者，在给别人夹菜之前，先吮一口筷子；

⑤ 忌滥用筷子，即不要用筷子代劳其他事。

匙的使用与筷子的使用大同小异，需要特别注意的是取食时不宜过满，如有必要，在盛取食物后，在原处暂时停留，待汤汁不再流时再移向自己。

碗在中餐里主要是用来盛放主食、汤羹的。使用碗时需要注意：

① 不要端起碗进食，尤其是不要双手捧着碗进食；

② 食用碗内盛放的食物时，应以筷或匙加以辅助，切勿直接下手取用，或不用任何餐具以嘴吸食；

③ 碗内若有食物剩余时，不可将其直接倒入口中，也不能用舌头伸进去乱舔；

④ 不能把碗倒扣过来放在餐桌上。

盘子在中餐里主要用以盛放食物，其使用与碗相似。其中有一种盘子比较特殊，即食碟，它的主要作用是用来暂时搁放从公用菜盘中取用的菜肴，此外还可用以存放进餐时的废弃物。使用食碟时，暂放的菜肴数量不宜过多，种类也不宜过多，不要将多种菜肴堆放在一起；进餐时的废弃之物不可乱放，可置于食碟内，必要时请服务人员更换食碟。

(5) 文明用餐。

有人说，吃相是判断一个人教养程度的重要标准，吃相对于每位参加宴请的人来说都非常重要。

① 准时赴宴。

出席宴请活动，宾客均宜略早一些或准时抵达宴请地点，显示来宾对主人的尊重和对宴请活动的重视。抵达时间过早、过迟，早退或逗留时间过短等都被视作不恭和失礼之举。结束时主宾退席后，其他人员方可陆续告辞。席间确有事情须提前退席，应向主人说明后悄悄离去，也可事先打好招呼，届时离开。

② 祝酒碰杯。

在主人和主宾致辞、祝酒时，应暂停进餐，停止交谈，注意倾听，也不要借此机会抽烟。碰杯时，主人和主宾先碰，酒杯应低于对方酒杯，人多时可同时举杯示意；但注意中餐有碰杯或“过桥”之说，碰杯后，要目视对方致谢。西餐以敬酒而不劝酒为佳，只敬酒而不真正碰杯为雅。

敬酒时，要保持矜持和自重，切忌过量饮酒。不会喝酒或不能饮酒时，要注意礼貌拒酒。新时代，人们一般只祝酒，不劝酒；只敬酒，不干杯，喝与不喝，喝多喝少个人自便。

③ 席间交谈。

边吃边谈是宴请的重要形式，而且是一种重要的交往手段，所以只食不言或低头玩手机都是不礼貌的，会给人留下为吃而来的印象。无论是主人、陪客或宾客，都应主动和同桌的人交谈，特别是左右邻座。在与人交谈时，应暂时放下筷子，不能拿着筷子在餐桌上乱舞。与人交谈还需注意若对方口中明显含有食物，或是正在进行咀嚼之时，切勿主动找其攀谈，否则会使其处于进退两难的境地。

④ 用餐举止。

宴请上的用餐，通常只有当主人举手示意请用餐，或者带头举筷夹菜时，其他宾客方可动手取食。

取用菜肴讲究先来后到，不挑不拣。在取用菜肴时，切勿与其他人同时行动，要懂得礼让别人。取食菜肴还要做到稳、准、快，不要左顾右盼，翻来覆去，不要在公用的菜盘内挑挑拣拣，更不要把夹起的菜肴放回去。

用餐时，可向他人让菜但不夹菜。主人可以劝他人多用一些，或者主动向宾客介绍一些桌上菜肴的典故、特色，切勿擅自做主，主动为他人夹菜、添饭，特别是不得将本人吃剩的饭菜拨让给别人。如果要给别人夹菜，记得使用公筷。

与他人同桌用餐时，一定要充分考虑对方的内心感受，自觉讲究用餐卫生。不要在用餐时猛然咳嗽、打喷嚏、擤鼻涕、清嗓子，尤其是不要随地吐痰。万一有此需要时，应立即离开餐桌，赶往无人之处进行处理；实在来不及的话，则应首先以纸巾或者手帕掩住口鼻，并且在事后要向周围的人道歉。用餐时，还需注意所有的入口食物原则上都应该只进不出，当然，菜梗、骨渣、鱼刺等例外。当着外人的面把已经入口的东西再次吐出来，是一种非常失礼的表现。

还要牢记一件事，如果宴请结束后，餐桌上剩有一定的饭菜，要向服务员索要餐盒打包带回去食用。浪费粮食是餐桌上最不文明的行为。

☞ **案例 2.4**

从 2012 年起，南宁开展“礼让斑马线”活动，引发市民热烈点赞。到 2016 年提升为“斑马线前讲礼让、行车会车讲礼让、有序排队讲礼让、乘坐公交讲礼让、乘坐电梯讲礼让”为主要内容的“五个礼让”。几年间，大家走在邕城的大街小巷，随时都能感受到“礼让之城”的文明、有序。“礼让”系列活动已成为南宁有规范、有温度、有品质的亮丽名片。如今，“文明之花”已在八桂大地盛开，广大群众的幸福感与日俱增，更为全区经济社会发展积蓄了强大精神动力，并将释放出更加强劲的发展势能。

(摘自中国文明网)

☞ **案例 2.5**

在南京路步行街，江西游客刘珊拿着手中未喝完的珍珠奶茶在垃圾桶前犹豫了许久，最后选择带着奶茶继续前行。她说：“来上海前大致了解了一下垃圾分类的情况，但是手里的这杯奶茶好像既不是干垃圾，也不是可回收垃圾，没有办法直接扔掉。”

(摘自《中国旅游报》2019 年 7 月 25 日)

☞ **案例 2.6**

十月革命后，革命领袖列宁日理万机，简直是“全世界最忙碌的人”。有一次，他到理发馆去理发，那里已经等着许多人，人们都知道列宁的时间极其宝贵，于是争着请列宁先理发。列宁却回答：“谢谢同志们。不过这是要不得的，应该守秩序。我们自己定的法律，应该在一切琐碎的生活里去遵守。”说完就找了个椅子坐下来，并从衣袋里掏出一张报纸来看。

☞ **案例 2.7**

德国著名思想家康德，有一次和朋友约好时间，去朋友家拜访。拜访当天，他为了不迟到，提前很长时间出发，但是路上不幸遇到洪水，河上的桥被冲垮了。康德的马车不能过河，于是四处找船，眼看约会时间就要到了，还没有找到船。他就给了附近一个农民很多钱，把他的房子拆了做了一条船渡河，康德终于在约定的时间到达朋友家。

☞ **案例 2.8**

**家长的“灵魂质疑”**

最近，一张广东省博物馆的观众留言本照片在网上引起热议，有人在留言本上质疑：博物馆工作人员“管得好多啊”“不让孩子解放天性吗？”“跑怎么了？跳怎么了？碰恐龙又怎么了……”对此，广东省博物馆作出回应，提醒公众在博物馆遵循相关的文明礼仪规范也是对他人的尊重。

(摘自《光明日报》2019 年 8 月 8 日)

☞ **案例 2.9**

**店老板与无赖**

有个人进一家店吃饭，吃完后打算付钱时发现自己忘了带钱，于是对老板说：“老板，今天忘了带钱，改日送来。”店老板连声说：“不碍事，不碍事。”然后恭敬地把他送出了店门。这个过程正好被一个无赖看到了，于是他也进店大吃大喝，酒足饭饱后也学着先前那人摸了摸口袋，双手一摊，告诉老板：“老板，今天忘了带钱，改日送来。”谁知店老板脸色一变，揪住他，非让他拿物品抵押。无赖很不服气，质问老板：“为什么刚才那人可以赊账，我就不行？”店老板上上下下打量了他一番，回答道：“人家吃饭，筷子在桌子上找齐，喝酒是一盅一盅地饮，斯斯文文的，吃完后还掏出手帕擦嘴，一看就是个有修养的人，这样的人怎么会赖我的钱呢？而你呢，筷子在胸前找齐，狼吞虎咽，吃上瘾来，脚就踏上了条凳，喝酒也是直接端起酒壶往嘴里灌，吃完后拿袖子擦嘴，分明就是个想吃霸王餐的无赖之徒，我又岂能放你走？”一番话说得有理有据，无赖哑口无言，只得留下外衣，狼狈逃走。

一个有德行的人，都会有良好的行为习惯。

# 第三节 大型活动行为文明规范

大学生活中，经常有一些由学校、院系以及学校社团组织的各类大型活动。这些活动的目的通常是扩大课堂教育，培养学生的爱国主义、集体主义观念，培育社会主义核心价值，丰富学生的课余生活，提高学生各方面素质，保证学生健康成长、成才。

大学生应积极主动地参加学校、院系或学校社团组织的各项大型活动。在活动过程中，应遵守行为文明规范，服从大型活动组织者的安排，扮演好自己在活动中的角色，展现良好的个人形象，并将文明行为规范内化为观念、外化为行动、转化为习惯，引导全社会形成良好的文明风尚。

## 一、升国旗仪式

国旗，是一个国家基本的标志和象征。它是国家法律规定的有正式规格与式样的旗帜，用以在正式场所进行悬挂。人们往往通过升挂本国国旗来表达自己的民族自尊心、自豪感以及对祖国的热爱之情。

### 1. 升国旗仪式的操作

负责具体操作升国旗仪式的人员，对有关基本程序与主要环节，必须一清二楚，并认真遵守相应的操作规范。

(1) 升国旗的程序。

举行正式升国旗仪式时，通常应包括以下五项基本程序：

① 全场肃立。

② 宣布升旗仪式正式开始。

③ 出旗。出旗是指国旗正式出场，应由专人负责，其负责操作者通常由一名旗手和双数的护旗手组成，出旗时通常为旗手居中，护旗手在其身后分列两侧随行，大家一起齐步走向旗杆。

④ 正式升挂国旗。升旗者可以是旗手亦可由事先正式指定的代表担任。

⑤ 奏国歌或唱国歌。

升国旗时若演奏国歌，宜与升旗同步进行。一般讲究旗升乐起，旗停乐止。若演唱国歌，则也可在升旗之后进行。

(2) 降国旗的要求。

《中华人民共和国国旗法》第十二条规定：“依法升挂国旗的，应当早晨升起，傍晚降下。”降旗也必须为同学们所重视。一般而言，降旗的具体形式不限，不需要组织专门仪式，但仍须由训练有素的旗手、护旗手负责操作。无论有无他人在场，降旗时其具体操作者均应对国旗毕恭毕敬。降下国旗时，不得使国旗落地。届时，所有在场者均应肃立。降旗完毕，旗手、护旗手应手捧国旗，列队齐步退场，然后将其交由专人保管。

### 2. 仪式行为规范

升降国旗和奏唱国歌是尊重国旗和国歌的表现，实际上也是热爱祖国的表现。每个人都应该尊重和热爱国旗与国歌。《中华人民共和国国旗法》第十三条规定：“举行升旗仪式时，在国旗升起的过程中，参加者应当面向国旗肃立致敬，并可以奏国歌或者唱国歌。”标准做法是：起身站立，目视前方，双手下垂，神态庄严，聚精会神。

(1) 肃立致敬。

当主持人宣布奏中华人民共和国国歌、升中华人民共和国国旗仪式开始后，场内全体人员都要起立，面向国旗肃立不动，挺胸昂首，保持立正姿势，眼睛始终随国旗移动，军人要行军礼，少先队员行队礼，其他人员要行注目礼。届时除身着制服者外，其他人一律应脱帽，并摘下墨镜。走动或经过现场的人员都应停步，面对国旗，自觉肃立，待升国旗完毕后，方可走动。

(2) 神态庄严。

升旗仪式是一个非常严肃的、隆重的仪式，每个人均应以庄重、严肃的态度与表情来表达对国旗的敬意。此时此刻，绝对不允许态度漠然，或者嬉皮笑脸。

(3) 保持安静。

在升旗仪式上，应自觉保持绝对安静。不许在升旗过程中东张西望，交头接耳，嬉闹谈笑，更不允许接打电话和吃东西。

## 二、开学典礼及毕业典礼

开学典礼是学校为欢迎新生入学而举行的重大庆典活动，是对学生进行入学教育的第一课，不仅可以使新生了解学校的历史及现状、校风和学校的基本情况，而且可以使新生明确学校的培养目标和管理制度，使自己尽快投入新环境的学习和生活中。同时，开学典礼对在校生也有教育规范的作用。

毕业典礼是学校对学生进行学校教育的最后环节，是学校为毕业生举行的隆重欢送仪式。通过毕业典礼让学生牢记学校、老师的希望和嘱托，明确自身的使命，信心百倍地走向社会。

### 1. 基本程序

开学典礼仪式的程序一般包括：升国旗奏国歌，主持人宣布典礼开始，领导讲话，老师代表讲话，学生代表讲话，典礼结束。

毕业典礼的程序一般包括：奏国歌，校长致辞，宣布优秀毕业生名单并颁奖，教师代表讲话，优秀毕业生代表讲话，典礼结束。

### 2. 仪式行为规范

开学典礼是新生入学参加的第一项集体活动，因此没有极特殊情况不能迟到，更不能缺席；而毕业典礼是同学们以学生身份在学校参加的最后一次集体活动，一定要积极参加，认真对待，不要缺席。

(1) 有序入场、离场。

典礼仪式开始前，应跟随班集体提前到达会场，坐在指定的位置；典礼结束时，要等主席台成员退席后，再按要求有序退场。

(2) 遵守纪律。

在典礼的整个过程中，要认真聆听，不要交头接耳，不做与典礼无关的事情。不要随地吐痰、乱扔杂物，以免影响会场的环境。尤其是参加毕业典礼的学生千万不要因为即将离开学校就随随便便、毫无顾忌地破坏良好的会场秩序。在即将离开学校之际，更要在母校和老师的心中留下美好的印象。

(3) 尊重他人。

在主持人宣布典礼开始或介绍学校各级领导和来宾时，在领导及教师、学生代表发言时，同学们都应该适时地报以热烈掌声。

获奖同学登台领奖，当接过颁奖(证)人授予的证书时，应当向颁奖嘉宾、教师、台下同学鞠躬感谢，台下同学要适时鼓掌并真诚对他们表示祝贺。

## 三、集会活动

一般在校园里举行的集会，都相当于在一个特大的课堂授课。此类集会具有参加人数多、班级多的特点。为了集会有序开展，每位同学都要严守时间、顾全大局、遵守文明行为规范。

### 1. 严守时间，遵守秩序

为了保证大会准时开始，最好提前几分钟到场。迟到的同学，尽量不要打扰他人，可悄悄坐在会场后排的座位上，千万不能大摇大摆地走到前面。

听从会场工作人员的分配，按指定地点入座。在集会正式进行期间，有义务自觉保持肃静，不要随意走动，交头接耳。对发言人的讲话，可在适当之时用掌声予以鼓励。但鼓掌要适时、适当，合乎礼节。

参加会议，最好不要中途离开，如确有特殊原因需要提前告退，或暂时离开会场一段时间，一定要在离开之前向有关方面的负责人正式请假。

集会结束后，要听从会场工作人员的指挥，有序离开会场。如遇突发事件，按安全路线图和工作人员的疏导有序退场。

### 2. 集中精力，认真倾听

对于参加集会的每一名同学，在集会过程中认真聆听发言，不仅是对会议、会议组织者与发言者的尊重，同时也是自己掌握会议精神的主要途径和自身教养的真实写照。唯有聚精会神、全神贯注，方能汲取别人发言的精华，不断提升自己。

## 四、校庆活动

校庆活动对学校校友来说是一次盛大的庆典活动，对每一位在校学生来讲，更是人生中一件难得的幸事。校庆一般都很隆重热烈，能够增强师生对学校的认同感和归属感。

### 1. 活动程序

校庆活动的程序一般包括：主持人宣布大会开始，奏乐；领导及嘉宾就位；全体人员肃立唱国歌、升国旗；介绍来宾；学校领导致辞；贵宾致辞；表彰特殊贡献的校友、老师和其他人员；参观学校；观看文艺节目、师生成果展。

### 2. 活动的行为规范

校庆活动期间会邀请许多贵宾、校友前来参加校庆仪式，这期间在校学生的一言一行都代表着学校的风貌，会给学校带来或好或坏的影响。因此，在校庆期间，每一名在校学生都要注意文明礼貌，举止也要大方热情。

(1) 遵守时间。

遵守时间，是做人诚信的基本要求。对学校师生而言，都不能迟到、无故缺席或中途退场。如果庆典的起止时间已有规定，则应当准时开始、准时结束。

(2) 表情庄重。

在庆典活动的整个过程中，都要表情庄重、全神贯注、聚精会神。假若庆典之中安排了升国旗、奏国歌、唱校歌的程序，一定要依礼行事，认认真真、表情庄严肃穆地和大家一起唱国歌、唱校歌。

(3) 态度友好。

“态度友好”在这里主要是指对来宾态度要友好。遇到来宾，要主动热情地问好。当来宾提出问题时，要立即给予友善的答复。当来宾在庆典上发表贺词，或是随后进行参观时，要主动鼓掌表示感谢或欢迎。

(4) 行为自律。

出席庆典仪式时，不要在会场乱走、乱转；不要摆弄手机或与周围人说悄悄话、开玩笑；不要有意无意地做出对庆典毫无兴趣的姿态；不要心不在焉，比如东张西望、一再看手表或是向别人打听时间等。

## 五、体育运动会

体育运动会是学校举办的大型活动之一。它不仅能激发起同学们自觉锻炼身体的热情，还可以培养学生奋力拼搏、团结友爱等品质。

### 1. 运动会程序

运动会程序包括开幕式、比赛及闭幕式。开幕式的程序一般包括：主持人宣布大会开幕，运动员入场，奏国歌，领导致辞，运动员代表、裁判员代表发言，运动员退场，团体操表演。闭幕式的程序一般包括：主持人宣布闭幕式开始，运动员入场，领导讲话，宣布比赛成绩，向运动员颁奖，主持人宣布闭幕。

### 2. 运动会的行为规范

(1) 运动员的行为规范。

运动员参加比赛，要保持良好的竞技精神状态，坚持“友谊第一、比赛第二”的原则，正确对待输赢。应主动向获胜方道贺。在赛场上，既要自觉遵守比赛规则，更要尊重裁判判决，不和裁判发生争吵。如果对裁判的判决有异议，可以通过正常的渠道进行申诉。

(2) 观众的行为规范。

首先要尊重运动员。作为观众，要支持运动员，鼓舞士气，但不要敌视对手，偏袒己方。其次要维护秩序。观看比赛时不要说脏话，举止失态；要适时、适度地鼓掌，不要乱起哄，更不要喝倒彩。最后要保持卫生。尽量不要在观看比赛时又吃又喝，如果有少量进食，要把垃圾装入袋中分类投放到垃圾箱内。

# 第四节　网络行为文明规范

随着全球化进程加快和科技进步的日新月异，网络已影响到社会生产和生活的各个领域，渗透到人们学习、生活和工作的各个方面，改变着人们的学习、生活、工作、思维等方式。大学生作为网络用户的重要群体，其世界观、人生观、价值观、行为模式等深受网络影响。网络在为大学生带来知识、方便、快捷和乐趣的同时，也对他们的健康成长带来不少消极负面影响。因此大学生既要开展网络系列教育活动、制定行为规范、营造良好氛围，又要科学、合理、安全地使用网络，还要在网络环境活动中有矜持、高雅的网络态势，进而推进网络文明、网络道德及网络文化建设。

## 一、总体要求

大学生在进行网络活动时必须遵循基本的法律和道德规范。

### 1. 遵守法律

法治不仅是社会稳定、繁荣的前提，是社会和谐发展的保障，也是网络活动有序展开的必要条件。遵守法律，是对包括大学生在内的每一名网民最基本的要求。

(1) 遵守法律，自觉抵制不良行为。

互联网上往往鱼龙混杂，大学生在网上难免会遇到一些虚假或失实的消息，甚至是色情、暴力或危害国家与社会的内容。遇到此类情况时，应保持清醒的头脑，增强辨识能力，远离这些不良内容。既不能做不良内容的受害者，更不要做不良内容的传播者。

(2) 遵守法律，自觉保护知识产权。

需要从网上转载、复制那些有版权的文字或图片时，应首先征得版权人的同意。下载、使用、传播应用软件、电影音乐等网络资源时，按要求付费，以免发生纠纷。

(3) 遵守法律，不可侵害他人的利益。

网络是全世界网民的共同资源与财富，每一名网民都有义务维护它。传播电脑病毒，必然会给广大网民造成极大的不便和致命的损失，情节严重者将受到法律的制裁；以网络为媒介，从事伤害他人身体、骗取他人财物、窃取他人隐私的行为，会给受害者造成物质和精神上的双重伤害，自然也是法律所不允许的。

### 2. 自尊敬人

网络是一个开放的空间，上网时网民可以畅所欲言、自得其乐，但不能目无他人、肆无忌惮。尊重自己和尊重他人，是网民的基本行为规范，也是网络礼仪的基本要求。在网络环境中，大学生要做到矜持高雅、自尊敬人。

## 二、具体规范

网络对大学生健康成长产生着巨大的影响，在网络这个虚拟的社会，讲文明是每个网民需要践行的准则。每一次转发、每一条评论，都不仅仅是个人行为，也是构筑文明和谐网络环境的基石。大学生的网上学习行为、网上交际行为、网上商务行为、网上娱乐行为、网上恋爱行为以及新媒体行为都受到基本道德要求与行为举止规范的约束。

### 1. 明辨网络信息真假

在网络信息的真实性问题上，坚持明辨网络信息真假这一行为规范。开放、互联的网络空间中充满着来自各种网络传播者的信息资源，网络传播者常常具有的匿名性，导致网络信息的真实性主要依靠网民的道德自律来确保。作为网民中最活跃的大学生群体更应该保持头脑清醒，明辨网络信息的真伪。

### 2. 拒绝传播谣言

在网络信息传播的过程中，坚持拒绝传播谣言。网络空间的匿名性常常诱使网民传播来源不明、是非模糊的信息，大学生网民应该承担起坚守网络信用的责任，绝不传播谣言。

### 3. 网络交际诚实守信

在网络交际的问题上，坚持网络交际诚实守信。大学生网民可以在网络空间以匿名的形式活动，在网络人际交往活动中绝对不能够使用虚假身份信息蒙骗其他网民，伤害他人的感情和损害他人的物质利益。

### 4. 提高网络安全意识

在网络技术规范问题上，坚持遵守技术协议、提高网络安全意识。一方面大学生网民要遵守技术协议，不做网络黑客，不利用所学的计算机技术侵入他人计算机、盗取他人隐私。另一方面，要提高网络安全意识，积极对网络信息侵害行为进行防范和举报，减少网络违规违法行为的发生，实实在在维护网络空间安全。

5. 拒绝沉迷网络

在处理网络世界和现实世界的关系上，坚持合理使用网络、拒绝沉迷网络的行为。网络空间的信息丰富性、网络游戏的虚拟现实性、网络社区的新奇性等特征都让人感受到吸引力。网络带给网民的安慰和满足很容易导致网民对网络的沉迷和现实生活规律的混乱。大学生网民要处理好网络世界和现实世界的关系，合理利用网络资源，抵制网络的不良诱惑，充分发挥网络空间对自身健康发展的积极作用。

## 三、抵御失范的不文明网络行为

1. 杜绝沉迷网络游戏

网络游戏是大学生网络娱乐的主要内容，大学生网民的网络游戏行为，直接关系到网络文明建设及自律培育建构。大学生的自律和自制能力相对较低，如果长期网络行为不当，容易导致网络依赖或网络成瘾。大学生是一个消费型群体，他们的经济来源主要是家庭，家庭供给孩子的资金是有限的，大学生无限度地将大量时间和金钱花在网络游戏上，势必会影响自己的学业和身心健康，严重的还会引发各种社会问题。大学生必须自律，家庭、社会及学校也要高度重视，杜绝大学生网络成瘾。

2. 正确对待网恋、网婚现象

网络的虚拟性、自由性、隐匿性以及网络信息的良莠不齐，加上网上色情信息泛滥，对于心理、生理都处于可塑期的大学生而言，在网络上与异性交往更有诱惑力。青春期的大学生网恋、网婚会给学生带上精神上的枷锁，不利于大学生的学业完成和身心健康，因为网恋、网婚存在很大的盲目性，一定程度上扭曲了大学生的恋爱观和婚姻观。对于大学生网恋、网婚的问题，既不能听之任之、放纵自流，也不能谈网色变、一味堵塞，应该采取科学的教育和正确的疏导方式，引导大学生网络行为沿着健康、文明的轨道发展。

3. 坚决抵制网络低俗和网络犯罪现象

近年来，大学生接触和浏览网络低俗信息的比例很高，想尝试网络低俗信息及网络恶搞的也不在少数。这种倾向对传统文化及网络先进文化带来很大冲击和颠覆。这需要大学生树立底线意识，提高自我保护能力，明辨是非，坚决抵制网贷、校园贷等网络犯罪行为，要主动举报这些犯罪行为。

## 四、网络行为文明建设的根本点和着力点

自律是网络道德规范的最高境界。马克思指出“道德的基础是人类精神的自律。”(马克思《评普鲁士最近的书报检查令》)这一论断精辟地阐述了道德自律的意义。道德自律对于缺乏强有力他律的网络来说，其意义尤显突出。自律是实现他律的基础和归宿。无论是在现实社会，还是在网络虚拟社会，如果没有道德的自律，任何领域的道德规范和原则都将成为虚说和空想。任何外在的他律，其精神和价值只有植根于人们的心灵中，被人们所信仰和内化，才能形成认同、尊重、信任和服从的自律行为。文明的网络行为和良好的网络秩序的形成，离不开网络行为主体自觉、自律的培育。只有做到网络道德自律，才能从根本上杜绝网络行为的失范和网络不文明现象。

### 1. 引领学生进入“慎独”境界

只有自律才能既充分体现个体自尊、自主与自由，又充分培养个体的自我控制力，养成良好的“慎独”习惯。在网络虚拟社会里，由于多种文化与价值理念的交织纷纭，各种低俗和诱惑比比皆是，各种观点和论断莫衷一是。面对网络这一良莠不齐、真假难辨、是非不清的复杂世界，理性与冲动的较量相伴而生。在网络的大千世界里，他律警示对网络主体的行为规范显得苍白无力，现实社会的伦理道德规范在网络社会鞭长莫及。增强大学生网络道德行为的自我控制力、自我约束力，方法多样，其中最为有效的途径就是通过采取对网络行为主体的内化和外化，培育大学生网络道德自律的意识和能力，步入“慎独”境界，发扬“慎独”精神。

### 2. “慎独”精神引领网络文明建设

“慎独”强调个人道德修养的自觉性和一贯性。对于网络社会来说，培养遵守网络公共规则、实践网络道德规范的品质，特别需要从“慎独”开始，养成习惯，形成自觉。当网络社会道德成为一种发自内心的深刻的责任感时，网络社会道德所具有的外在性、他律性就被扬弃了，道德的发展也随之由他律阶段跃升为自律阶段。实现道德自律要从内心信念入手，在内心层面上确立道德秩序、伦理观念，使社会规范和道德信条内化为主体的个体心理的有机组成部分，调整主体品德结构中知、情、意、行诸因素发展的不平衡状况，弥补薄弱

环节，使其整体功能重获最大发挥，真正实现“慎独”。

由于互联网的虚拟特点，传统社会中的道德他律在一定程度上失去了作用，网络社会形成了一个相对的“自由时空”，导致网络行为主体失范现象日趋严重，给网络文明建设提出巨大挑战。大学生要理性思考，深入分析网络的“双刃”性，倡导和推崇“慎独”精神，营造和维护文明和谐的网络环境，以正确的网络道德价值取向引领网络文明建设。

**3. 文明上网，自律是网络高雅的期待**

2006 年 4 月 19 日中国互联网协会发布《文明上网自律公约》，号召互联网从业者和广大网民从自身做起，在以积极态度促进互联网健康发展的同时，承担起应负的社会责任，始终把国家和公众利益放在首位，坚持文明办网，文明上网。公约全文如下：

自觉遵纪守法，倡导社会公德，促进绿色网络建设。
提倡先进文化，摒弃消极颓废，促进网络文明健康。
提倡自主创新，摒弃盗版剽窃，促进网络应用繁荣。
提倡互相尊重，摒弃造谣诽谤，促进网络和谐共处。
提倡诚实守信，摒弃弄虚作假，促进网络安全可信。
提倡社会关爱，摒弃低俗沉迷，促进少年健康成长。
提倡公平竞争，摒弃尔虞我诈，促进网络百花齐放。
提倡人人受益，消除数字鸿沟，促进信息资源共享。

**知识链接**

## 高等学校学生行为准则

(教育部 2005 年)

一、志存高远，坚定信念。努力学习马克思列宁主义、毛泽东思想、邓小平理论和“三个代表”重要思想，面向世界，了解国情，确立在中国共产党领导下走社会主义道路、实现中华民族伟大复兴的共同理想和坚定信念，努力成为有理想、有道德、有文化、有纪律的社会主义新人。

二、热爱祖国，服务人民。弘扬民族精神，维护国家利益和民族团结。不参与违反四项基本原则、影响国家统一和社会稳定的活动。培养同人民群众的深厚感情，正确处理国家、集体和个人三者利益关系，增强社会责任感，甘愿为祖国为人民奉献。

三、勤奋学习，自强不息。追求真理，崇尚科学；刻苦钻研，严谨求实；积极实践，勇于创新；珍惜时间，学业有成。

四、遵纪守法，弘扬正气。遵守宪法、法律法规，遵守校纪校规；正确行使权利，依法履行义务；敬廉崇洁，公道正派；敢于并善于同各种违法违纪行为作斗争。

五、诚实守信，严于律己。履约践诺，知行统一；遵从学术规范，恪守学术道德，不作弊，不剽窃；自尊自爱，自省自律；文明使用互联网；自觉抵制黄、赌、毒等不良诱惑。

六、明礼修身，团结友爱。弘扬传统美德，遵守社会公德，男女交往文明；关心集体，爱护公物，热心公益；尊敬师长，友爱同学，团结合作；仪表整洁，待人礼貌；豁达宽容，积极向上。

七、勤俭节约，艰苦奋斗。热爱劳动，珍惜他人和社会劳动成果；生活俭朴，杜绝浪费；不追求超越自身和家庭实际的物质享受。

八、强健体魄，热爱生活。积极参加文体活动，提高身体素质，保持心理健康；磨砺意志，不怕挫折，提高适应能力；增强安全意识，防止意外事故；关爱自然，爱护环境，珍惜资源。

## 人际距离，在某种情况下也是一种无声的语言

通常人与人之间的距离大体可以分为下列四种类型：

一是私人距离，它通常是指双方的间距小于半米，以至于无穷地接近。这种距离的适用对象，通常是夫妻关系、恋人关系，或者是需要特殊照顾的关系；否则你和外人打交道时不能这么近。

二是常规距离，也叫社交距离，它指的是人际交往的空间距离在半米到一米半之间。它适用于各种各样一般性的正式交往。

三是礼仪距离，又叫尊重的距离，指的是人际交往的间距为一米半到三米左右。它主要适用于向他人表示敬意，或用于举行会议、庆典、仪式。

四是公共距离，有时又叫有距离的距离，它指的是人际交往中的空间距离在三米以上。此乃互不相识者在公共场所里彼此之间所须保持的距离。

## 大学生网络文明公约

1. 自觉遵守有关网络的规章制度，服从老师与管理员的指导和管理，不

进行非法违规操作；自觉爱护网络机器设备，保持整洁安全有序的良好上网环境。

2. 不访问不文明、不健康、不合法的网站，特别是色情、暴力、赌博、邪教等网站，不访问煽动民族仇恨、民族歧视、破坏民族团结、损害国家荣誉的网站。不访问有危害国家安全、泄露国家秘密、煽动颠覆国家政权、破坏国家统一的信息或意图的网站。

3. 不浏览或传递不健康的信息，特别是有关色情、暴力、凶杀、恐怖、赌博及邪教等内容。不转发来源不明的信息，不参与聊天室的低级庸俗话题、消极话题和不雅话题。

4. 文明上网，在网上的人际交流和思想交流中礼貌待人，不使用污言秽语；诚恳待人，不搞欺诈蒙骗；要尊重他人，不挑衅滋事，不侮辱、诽谤或嘲弄他人。尊重他人隐私，不造谣恶搞。

5. 理智上网，公平诚信地进行网上商务活动，有节制地进行网上娱乐活动，不沉溺于网络世界。

6. 安全上网，不窥探他人信息；不攻击入侵他人网络系统；不下载不安全的软件。对虚拟世界一些不良文化交流，保持警惕和自我保护意识。

7. 不在服务器和终端设备随意删除或修改系统文件，不干扰他人网络活动，不向他人提供带有计算机病毒的软件。

8. 坚守诚信，尊重学术规范与知识产权，不使用盗版软件，不剽窃盗用他人的智力成果。

9. 关爱他人、传递爱心，积极传播先进文化、弘扬中华民族优良传统，做网络文明的促进派、力行者。

10. 增强网络安全意识、责任意识、法律意识，培养健全人格和高尚道德情操。

## 大学生网络道德规范

勤奋学习不依赖，借鉴多思不抄袭；诚实交流不撒谎，文明上网不骂人；
履行责任不妄言，明辨真伪不轻信；诚信交易不欺骗，守法遵规不侵权；
真心相爱不乱性，娱乐适度不放纵；珍惜时光不沉溺，警钟长鸣不放松。

## 大学生网络行为戒止性规范

1. 未经他人同意，不得擅自在网上公布他人隐私资料或个人信息，如电话、地址等。

2. 未经他人同意，不得公开在网络传递他人的文字、图案或其他未经公开发表的著作资料。

3. 不得将他人的作品不经署名就应用于自己的文件，也不得擅改他人作品的作者署名，以免侵犯他人的著作权和人格权。

4. 不得擅自利用网络组织集会，未经审批发起组建学生社会团体。

5. 不得在网络上窥探、拦截、获取他人资料或者擅改内容再传送出去。

6. 不得在网上发布、转发来源不明或者未经证实的信息。

7. 不得侵入他人电脑，在网络上攻击、恐吓或胁迫他人。

8. 不得通过网络传送散布违背国家法律、校纪和道德的图片、音频视频文件和文字。

9. 不应使用盗版的软件或拷贝未经授权许可的文件。

10. 不应该无节制地上网以免造成学业荒废。

## 网络十大不文明行为

1. 传播谣言、散布虚假信息。
2. 制作、传播网络病毒，“黑客”恶意攻击、骚扰。
3. 传播垃圾邮件。
4. 论坛、聊天室侮辱、谩骂。
5. 网络欺诈行为。
6. 网络色情聊天。
7. 窥探、传播他人隐私。
8. 盗用他人网络账号，假冒他人名义。
9. 强制广告、强制下载、强制注册。
10. 炒作色情、暴力、怪异等低俗内容。

(摘自中国精神文明网)

## 思考与练习

1. 校园行为文明规范的总体要求有哪些？
2. 尊敬老师表现在哪些方面？
3. 简述课堂行为规范有哪些内容？
4. 简述在宿舍里应该注意哪些问题？
5. 如何做到文明就餐？
6. 如何为图书馆营造一个良好的学习氛围？
7. 乘坐公共交通工具时，应该遵守哪些行为规范？
8. 游览观光时，应该注意哪些安全问题？
9. 如何做到文明观演？
10. 简述参加升旗仪式时的行为规范。

# 第三章 新时代大学生语言文明规范

现代社会中，语言文字渗透在每个人的生活中，涉及个人的前途、国家的生存和发展。“一言之辩，重于九鼎之宝；三寸之舌，强于百万之师。”(《文心雕龙》) 语言文字既是人类最重要的交际工具和信息载体，又是文化的基础要素和鲜明标志，更是促进历史发展和社会进步的重要力量。文明用语，就是指在语言的选择、使用中，既表现出使用者鲜明的立场、良好的文化素养、待人处事的实际态度，又能令人产生高雅、温和、脱俗之感。简言之，文明用语就是要求人们使用语言时必须规范文明。

希腊语中有一个词“barbro”，它既指野蛮人，也指不会说话的人。在希腊人眼里，语言是文明的标志。“人之所以为人者，言也。人而不能言，何以为人。”(《春秋穀梁传》) 语言又不仅仅是工具，语言是人性的最高表现，唯有人类才有语言，才懂语言，语言构成人的最直接的象征(符号)，它直接塑造人的文化心理，因而语言是所有人类活动中最足以表现人和人性特点的，是打开人类心灵深处奥秘的钥匙。伽达默尔指出，动物依靠自身的体气或撒下的便溺来辨认自己的来路，人却通过语言来辨认自己的来路，一个人是这样，一个社团、一个民族也是这样。鲁迅先生曾说过：“中国文字有三美：意美以感心；音美以感耳；形美以感目”。简洁的“三美”道出了语言文明的要义。语言着重在思想美、规范美、艺术美，体现智慧，蕴含情感，讲究精确性、简明性，富有文采、韵律、情趣。

# 第一节　校园语言文明规范

语言规范是指使用某种语言的人所应共同遵守的语音、词汇、语法、书写等方面的标准和典范。规范使用语言表达了我们对语言文字的敬畏之心，体现了新时代大学生的精神风貌。新时代大学生文化素养的高低很大程度上表现为自身语言文字的修养。使用纯洁健康规范的语言文字是个人修养很重要的一部分。语言文字是思维表达的工具、文化知识的载体和交际能力的依托，是素质构成与发展的基础，是文化建设的必要条件。著名语言学家吕叔湘先生曾指出，“学好语文是学好一切的根本”。特别是到了今天的信息时代，语言文字规范更是掌握现代科学技术、先进文化的必要前提。构建和谐语言生活、弘扬中华优秀文化、营造共有精神家园是新时代语言文字的文明风尚。

## 一、总体要求

语言文字是文化的重要组成部分，也是文化的重要载体。一个民族的崛起，除了经济的强盛外，更重要的是文化的繁荣。中华民族历尽沧桑，仍屹立于世界民族之林，文化的薪火相传厥功至伟。文化不绝，民族就不灭。语言文字是国家重要的、不可再生的非物质文化遗产。高度重视语言文字在传承、弘扬、创造民族文化及增强中华民族凝聚力方面的作用，弘扬传承中华优秀语言文化，推广普及普通话和语言文字规范化是一项关系国家整体利益和长远发展的基础性工作，意义深远。

### 1. 规范使用汉字

所谓规范汉字，就是符合国家颁布的规范标准的汉字，包括经过整理简化并由国务院或主管部门以字表等形式正式公布的汉字和未经整理简化的传承字。规范汉字是客观存在的，不同时代有不同的规范。如秦统一六国后，实行“书同文”，基本消除了战国时期各地文字异形的现象，小篆就是当时的规范汉字；以前我们长期以繁体字为正体，以繁体字为代表的正体字也就成了当时的规范汉字；中华人民共和国成立以后，国家投入很大力量进行汉字的整理和简化工作，淘汰了一部分异体字，同时把群众长期以来在社会实践中创造的手头字、俗字加以整理，确定其正体字的地位，形成了现行的规范汉字。在规范汉字中，整体简化或利用简化偏旁类推出来的简化字只占少数，多数还是历史上流传下来沿用至今而未整理简化或不需要整理简化的传承字(如人、山、川、水、火等)。

文字是信息的载体，是人们交流思想、协调社会生产和社会生活的书面工具。我国是一个地域辽阔、人口众多、方言纷繁的大国，汉字要发挥其交际职能，就必须保持高度的统一性。这种统一性，就是严格的规范。世界历史上，凡是高度统一的民族，其民族文字都是严格规范的。世界上两千余个民族，大多各有自己的民族语言，很多民族有自己的文字，各民族的语言文字都在发展变化中，不断地进行规范，以发挥其交际职能。

国家通用语言文字的使用应当有利于维护国家主权和民族尊严，有利于国家统一和民族团结，有利于社会主义物质文明和精神文明建设。在中华民族的文明进程中，语言文字是我们独特的精神标识和文化印记。近年来，《中国汉字听写大会》《中国成语大会》和《中国诗词大会》等电视节目，在春节、清明、端午、中秋等传统节日举办的“中华经典诵读”节日晚会等活动，让全社会更加认识到语言文字的魅力。

语言文字规范化是国家统一、民族团结的标志。当前，人类社会已进入了信息时代，语言文字用于计算机信息处理技术，对语言文字本身的规范化、标准化要求更高，不仅要求字体字形统一规范，而且要求笔画的位置及长短尺寸都严格符合统一的标准。信息交换用的文字，绝对不允许各行其是，不能出现半点误差，这是文字规范化、标准化在现代化建设和高科技信息社会中的新发展。随着科技日新月异的发展，智能手机与电脑输入法的普及，学生们大都厌倦了动手写字，大都是整齐划一的打印资料，汉字的传承堪忧，提笔忘字的现象非常严重，能写出一手漂亮字的学生也越来越少，这种现象给我国传统文化的继承与发展造成了极大的阻碍。为改变这一尴尬现象，我们应该做到以下四点：

第一，控制使用电脑和手机的时间，走出宿舍和网吧，走向社会多去与人交流，可以提高语言表达能力，能不用电脑打印的，尽量不用电脑打印，采取手写的做法提高自身的汉字书写能力，做一个传承文化的大学生。

第二，认识语言文字的魅力，多读中国传统文化书籍，陶冶情操，丰富自身内涵，成为一个语言文字、文化的弘扬者与建设者。

第三，鼓励学生积极参加有利于语言和文字发展的活动，如汉字听写比赛、中华经典诵读等活动，提高语言文字的规范性。

第四，学校多开展语言文字公共选修课程，开阔学生视野，提升新时代文化建设接班人的素养。

### 2. 讲好普通话

无论是汉语的国际传播，还是传统文化的传承，都离不开语言文字基础教育，离不开普通话的推广普及。经过 60 多年努力，我国普通话普及率已超过 70%，但仍有约 4 亿人不能用普通话交流，推广普通话任重道远。

《中华人民共和国宪法》第十九条规定："国家推广全国通用的普通话"。《中华人民共和国国家通用语言文字法》第一章第三条规定："国家推广普通话，推行规范汉字。"第一章第五条规定："国家通用语言文字的使用应当有利于维护国家主权和民族尊严，有利于国家统一和民族团结，有利于社会主义物质文明建设和精神文明建设。"使用国家通用的语言文字，是每个公民应当履行的义务，也是公民具有国家意识、主权意识、法治意识、文明意识、现代意识的具体体现。

语言是重要的交际工具和信息载体，民族共同语言的普及是国家统一、民族团结、社会进步的重要基础。普通话是全国通用的语言，推广普通话是国家统一和民族团结的需要。一个国家、一个民族是否拥有统一、规范的语言，是关系到国家独立和民族凝聚力的具有政治意义的大事。我国是一个多民族、多方言的国家，推广普及普通话有利于增进我国各民族的交流与往来，增强中华民族的凝聚力和在国际社会的影响力。

推广普通话是各级各类学校素质教育的重要内容，有利于贯彻教育面向现代化、面向世界、面向未来的战略方针，有利于弘扬祖国优秀的传统文化和爱国主义精神，有利于加强社会主义精神文明建设。对于任何学段、任何专业的学生来说，能说流畅的普通话，具有较强的语言文字应用能力，在求学、就业和事业竞争中就能处于优势地位。

### 3. 校园语言要文明

文明是一种品质，是一种修养，是一种受人尊敬并被大家广泛推崇的行为。语言文明是大学生不可或缺的道德素养，不但对他们的日常生活有着重大影响，甚至会影响到其人生发展的每一关键环节。校园内学生的一举一动、一言一行，都关系到文明校园的建设，尤其在课堂和宿舍以及其他公共场合能否文明使用语言显得尤为重要。

#### 4. 公众语言要严谨

语言随着时间、场合、对象的不同，表达出各种各样的信息和丰富多彩的思想感情。在公众场合进行语言交流时，要做到语句逻辑严密，用语严谨规范，语言典雅大方。要达到这一要求，就必须在日常的交际场合有意识地调整、训练自己的言谈举止，不断提高自己的语言应用能力和文化综合素养，从而成为交际场合的语言运用强者。

## 二、具体规范

#### 1. 校园语言文明规范

(1) 课堂语言文明。

课堂是教师对学生传授知识与技能的场所。讲究课堂语言文明，对于促进教师与学生的沟通，提高教学质量极为重要。具体表现为：上课时学生要专心听讲，精神饱满，坐姿端正，做好笔记。学生提问或回答问题要先举手，待老师示意后方可进行。发言时应自觉起立，站直，目光正视老师，使用普通话回答问题，声音清晰、洪亮，使老师和同学都能听清，其他同学要专心听，不随便插话。当老师点名要你回答问题，而你又确实不会回答时，应站起来以抱歉的口吻诚实地说明自己不会回答这个问题，不要不懂装懂。作为学生应该正确对待老师在教学过程中出现的疏忽和差错，发现后应该选择适当的时机和方式，如写纸条或等老师走到身边时悄悄地告诉他。沟通时，应使用请教或商量的口气以及采取谦和的态度，让老师有思考和商榷的余地。

(2) 宿舍语言文明。

语言是一个人道德情操和知识水平的反映，是人们的心灵之窗。“言，心声也；书，心画也。”(〔汉〕扬雄《法言·问神》) 通常大学生在校园和班级对自己的语言会有些约束，但在宿舍里，尤其是在“卧谈会”上，口无遮拦，无所顾忌，语言不文明的现象时有发生。有的同学脏话不离嘴，开口、闭口挂着被鲁迅先生痛斥的国骂；有的同学语言粗俗野蛮，稍不满意就出言不逊，轻则讽刺挖苦，重则彼此辱骂；有的同学语言庸俗，乐道男女私事，给同学起外号，打分，开不健康的玩笑等。语言的粗俗无聊与“新时代大学生”这个名称极不相称。大学生的宿舍用语应谦恭有礼。早晨与同学、老师见面宜问一声“早上好”，晚上就寝前可相互道声“晚安”。在宿舍里如能坚持使用文明礼貌、诙谐的语言，同学之间的关系必然和睦融洽，生活也会感到舒心、温暖。

### 2. 社交语言文明规范

(1) 语言交流有分寸。

大学生在人际交往中，语言交流要有分寸。首先清楚自己的学生身份，还要考虑交流对象的身份，再考虑恰当措辞，要清楚哪些话该说，哪些话不该说，应该怎样说才能获得更好的效果。分寸感是懂得察言观色，遇到对方不感兴趣或避讳的话题，及时停止，转移到对方感兴趣的点上。同时讲话要客观，实事求是，不夸大其词，不断章取义。讲话要真诚，要有善意，不说刻薄的话、挖苦别人的话，不说刺激、伤害别人的话。同时配合非语言要素，用表情和行动等态势语去恰当表现。在交流过程中，可以不同意别人的观点，但是首先要做到在内心尊重他人，正所谓“君子和而不同，小人同而不和。”(《论语·子路》)

(2) 语言交流有礼貌。

礼貌用语是尊重他人的具体表现，是友好关系的敲门砖。在语言交流中要使用具有尊重与友好色彩的词语。文明用语是文明社会的细胞，渗透于日常生活的方方面面。“言为心声。”(〔汉〕扬雄《法言·问神》) 从社会作用来看，语言不仅是表达交流的工具，也反映了人们潜在的思想道德、文化修养水平，进而展现社会的和谐程度。有礼貌就是在与人交谈时多运用文明用语。俗话说：“礼多人不怪。”文明用语不仅可以向别人表达感激的心情或歉意，沟通人与人的心灵，更重要的是能够建立起融洽的人际关系。如得到别人的帮助时，应真诚地说一声“谢谢”。在打搅别人、给别人添麻烦时真诚地说一声“对不起”。另外，注意使用一些“添加语言”，如“实在不好意思”“同学，真是抱歉”“老师，打搅您一下”“老师，麻烦问您一下”“老师，对不起，我能占用您一分钟的时间吗？”等，把这些语言添加进去，后面语句的语气就会变得委婉，人际关系会变得更加融洽、和谐。

(3) 语言交流有涵养。

涵养体现着一个人的风度和气质，与一个人的思想境界和胸怀有关。在现实生活中，我们形容一个有涵养的人，常常用谈吐不凡、谈吐优雅等词汇。可见，一个人的谈吐举止能够代表他的涵养。说话有涵养具体体现在：

一是注意控制音量，音量大小适中。“自古贵人声音低。”以声压人，不如以德服人。梁实秋说：“一个人大声说话是本能，小声说话，是文明。”控制自己的音量，是对他人的尊重，也是一个人的自我修行。讲话时声音不宜过高，能够让人听清即可。一个人说话的音量就是这个人的标签，很大程度上反映了这个人的涵养。

二是注意语速，不要语速太快。讲话时，要依据实际情况的需要调整语速快慢，应尽可能娓娓道来，给他人留下一个稳健的印象，也可以给自己留下思考的余地。语速的快慢不仅可以体现出一个人内心是否慌乱与情绪是否稳定，还可以展现出一个人的个人修为与社会阅历。

三是不要中途打断别人的说话。别人正在说话，你突然打断别人开始自己说，是很不尊重、很不友善的表现。当别人在说话时，我们应该抱着理解、欣赏的态度去倾听，这是维护谈话气氛、拉近彼此情感距离的有效方法。不打断别人说话，换个角度，其实就是学会倾听别人的话。当我们学会倾听别人讲话的时候，别人从我们的神态表情和动作中看到了尊重、重视，便会对我们产生好感，甚至是信任。

四是耐心等待别人说完。耐心是一个成功“听”者的必备素质。耐心绝不是默默忍受，而是时时给对方的讲话以反应，分析对方所谈的内容，并且不断让对方觉得你重视他的话，他可以轻松自信地说下去，而你也要从中学习本领。

五是恰当使用态势语。语言学家把伴随在谈话中的眼神、面部表情、点头、摇头、皱眉、耸肩、手势动作和身躯的体态等非语言性的举止、动作等称为态势语。有声语言的交流固然重要，但合适的体态语言运用也不容忽视。美国心理学家艾帕尔曾说：“人的感情表达由三个方面组成，55%的态势语，38%的声调及7%的语气词。”经常被人提到的“3S”原则，就是指客人来了起身相迎(stand up)，眼睛注视对方(see)，脸上带着微笑(smile)。

(4) 语言交流有文化。

语言是一种结构系统，也是一种社会、文化现象，它与社会、文化有着极为密切的关系。思想文化是语言的“底座”。没有思想文化，语言便不复存在。“腹有诗书气自华”(〔宋〕苏轼《和董传留别》)。只有那种以丰富知识为坚强后盾、能够给人以力量、愉悦之感的谈话，才是真正的好口才。在交流时，说话要简明扼要，用语不过多重叠，同样的词不可用得太频繁，尽量避免口头禅。

(5) 语言交流避隐私。

在汉语中，“隐”字的主要含义是藏匿，引申为不公开之意。这是一种与公共利益、群体利益无关，当事人不愿他人知道或干涉的个人私事，以及不愿他人侵入的个人领域。在交谈过程中，不能窥探他人隐私，不能触及他人隐私、隐痛或伤及其自尊心。

(6) 语言交流避虚伪。

虚伪，是指不懂装懂，讲外行话，或者言不及义。“知之为知之，不知为不知，是知也。”(《论语·为政》)的意思是：知道就是知道，不知道就是不知道，这样才是真正的智慧。社会是知识的海洋，每个人都有自己的知识盲区，即使学有专攻又知识渊博，也有不如他人、不懂某种知识之处，要谦虚谨慎，实事求是，不要滥用术语，否则会给人留下故弄玄虚的感觉。

(7) 语言交流避粗俗。

常言道：“言语是一个人学问、品格的衣冠。”一个相貌堂堂、看上去高贵文雅的人，如果一开口就是粗俗不堪的话语，那么别人对他的敬慕之心即刻烟消云散。言语粗俗是最无礼貌、最不文明的语言，是对民族语言的污染。要成为一个举止优雅的人，就要在日常学习生活中有意识地调整、训练自己的言谈举止，不断提高自己的文化素养。

(8) 语言交流避忌讳。

“讳”的本意是忌讳、隐蔽。语言交流是为了增进相互了解的友谊，但在交流过程中有时会不自觉地犯忌讳。譬如，与一名身高较低的朋友一起上下楼梯，切记不要讲每步台阶建得太高，不好走这样的话，因为矮人面前不说“短”话。

语言交流过程中不能妄议党和国家的方针政策，不谈及国家秘密和行业秘密的话题，不能非议交往对象，不在背后议论领导、同行和同事，不谈格调不高的事。不问收入，不问年龄，不问婚姻家庭，不问健康状况，不问个人经历，不谈论第三方的短处。“闲谈莫论人非，静坐常思己过”讲的就是这个道理。

## 三、语言交流的技巧

语言是一种纽带。任何一种语言，除了表情达意的功能外，还能起到消除误会、拉近距离、增进相互了解的作用。在人际交往中，语言更是不可或缺的重要工具，恰当运用交谈礼仪，将使你的语言成为如沐春风的艺术，使你的个人形象锦上添花。“酒逢知己千杯少，话不投机半句多。”(〔宋〕欧阳修《春日西湖寄谢法曹韵》)“良言一句三冬暖，恶语伤人六月寒。”(〔明〕《增广贤文》)只有遵守相关的礼仪规范和口语交际技巧，才能使交往顺利进行下去。

### 1. 语言交流中如何道歉

每个人都生活在一定的社会关系中，谁也避免不了在人际交往时会伤害别人或者被别人伤害，尽管大多数伤害是无意的，但学会道歉和学会接受道歉，仍然是打开通向原谅和恢复关系大门最有效的钥匙。道歉是一门艺术。正确掌握道歉的技巧，不仅可以弥补过失，还可以增进情义。道歉主要有以下几种形式：

(1) 直接式。某件事做错了，某句话说错了，可开诚布公地向对方道歉，如说“对不起”“我错了”等，这种真诚坦白的态度容易得到对方的谅解。

(2) 书信式。如果你觉得道歉的话说不出口，可以给对方写封信或发条短信、微信表达歉意，这种不见面的方式可以免去一些尴尬局面。

(3) 转达式。求助于第三者，可以将自己的歉意直接或者暗示给你们都熟悉的第三者，请求他为你向对方转达歉意。

(4) 替代式。生活的现实告诉我们，一束鲜花能冰释前嫌，犯错误后适当地送上些小礼物，可以表明悔意，寻求和解，小小礼物寄歉情，此时无声胜有声。

(5) 改正式。有些过失是用口头表示歉意就能奏效的；有些过失不仅需要口头向对方表示歉意，而且需要有改正过失的行动；还有的过失需要用行动来弥补，改正过失的行动往往是最真诚、最有力、最实际的道歉。

### 2. 语言交流中如何拒绝

人际交往中，每个人都应当善于与大家打成一片，但是不可能事事都顺从别人。拒绝他人是难免的，遭到他人拒绝也是不愉快的。当别人提出了不合理或不太合理的要求时，你应该采用一定的技巧拒绝。诚恳的态度、得体的用语可以把种种不愉快减少到最低限度，得到对方的谅解和认可，并且能够体现一个人的文化修养和气度。因此，掌握表达拒绝的方法，在人的生活和工作中具有极其重要的作用。从语言技巧看，拒绝有直接拒绝、婉言拒绝、沉默拒绝、回避拒绝等四种方法。

(1) 直接拒绝：就是将拒绝之意当场说明。采取此法时，重要的是应当避免态度生硬，说话难听。一般情况下，直接拒绝别人，需要把拒绝的原因说明白，如果对方有点恼怒，应该适时道歉，并晓之以理、动之以情，甚至采取自言自语的方法流露出内心思想，使对方作出放弃的决定，既不伤和气，又保全了面子。

(2) 婉言拒绝：就是用温和委婉的语言去表达拒绝之本意。与直接拒绝相比，它更容易被接受，因为它在更大程度上顾全了被拒绝者的尊严。

(3) 沉默拒绝：就是在面对难以回答的问题时，暂时停止发言，静观其变。这种不说“不”字的拒绝，表达出的无可奉告之意，常常会产生极强的心理上的威慑力。

(4) 回避拒绝：就是避实就虚，对对方不说“是”，也不说“否”，只是搁置此事，转而议论其他事情，如遇到他人过分的要求或难答的问题时，可以采用此法。典型方法是移花接木法，对方提出甲事情，我则换用乙事情去应付，从而巧妙地拒绝对方。

### 3. 语言交流中如何倾听

苏格拉底曾经说过：“自然赋予人类一张嘴、两只耳朵，也就是让我们多听少说。”历史上，善于倾听的人常常会有意想不到的收获：蒲松龄因为虚心听取路人的诉说，记下了许多《聊斋》故事；唐太宗因为兼听被视为明主；齐桓公因为细听而善任管仲；刘玄德因为恭听而鼎足天下。兼听则明，偏信则暗。有效的倾听是语言交际过程中必不可少的。倾听的过程中应注意做到：

(1) 努力培养倾听的兴趣。

倾听时，倾听者既要保持良好的精神状态，又要以开放的心胸和积极的态度去倾听，这样不仅能够容易听到谈话的主要内容和观点，而且能够很容易地跟上说话者的节奏。

(2) 保持目光交流。

眼睛是心灵的窗户，目光交流处于人际交往的重要位置，人们相互间的信息交流，总是以目光交流为起点，目光交流发挥着信息传递的重要作用。一位细心敏感的倾听者会适当地注视对方的眼睛，并保持与说话者的目光接触，而不是低头或扫视周围。如果直视他人眼睛比较困难的话，可以用发散的目光注视对方眼睛的周围，如发髻、前额、嘴、颈部等，表示我在全神贯注听你说话。

(3) 了解对方的看法。

倾听时可以有不同的看法，但至少要认真接纳对方的话语，可以点头并不时说“原来如此”“我本来不知道”等，鼓励对方继续说下去。

(4) 采取开放的姿态。

人的身体姿态会暗示出对谈话的态度和兴趣，自然开放的姿态代表着接受、容纳、尊重和信任。“倾听”的本意是“向前倾着听”。也就是说，向前倾的姿势是集中注意力、愿意听倾诉的表现。根据达尔文的观察，交叉双臂是日常生活中普遍的姿势之一，一般表现出优雅，富于感染力，使人自信十足，倾听意见的人采取此姿势，大多是持保留的态度；手托下巴，会显示出倾听者的诚恳态度。

(5) 及时用动作或表情予以回应。

有效的倾听不仅会对听到的信息表示出兴趣，而且能够利用各种对方能理解的动作与表情及时予以呼应和反馈。如赞许性点头、恰当的面部表情与积极的目光接触配合，可以向说话者表明你正在听。如果皱着眉头，呈现出迷惑不解的表情，则告诉讲话者应该调整讲话内容。

(6) 学会复述。

复述是倾听者用自己的话来表达说话者所说的内容。有效的倾听者常常会使用这样的语言："我听您说的是……""您是否有这个意思……""就像您刚才所说……"。复述对方说过的话即表达了对说话者的尊重，同时又能够用对方的观点来说出自己的想法。这样，倾听者不仅能够赢得说话者的信任，而且能找到沟通的语言，从而拉近彼此之间的距离。

(7) 抑制争论的念头。

语言交流中难免会遇到观点不同的情况，当自己的意见与别人的意见不一致时，倾听者一定要学会控制自己的情绪，尽量抑制内心争论的冲动，要有耐心，放松心情，待对方把话说完，再表达自己的看法和见解。有效的倾听者绝不会随意打断对方的谈话，不会轻易动怒和争论。

### 4. 语言交流中如何赞美

俗语说：良言一句三冬暖，恶语伤人六月寒。在现实生活中，不管是小孩还是大人，不管是青年人还是老年人，不管是领导还是普通职员，都渴望受人尊重，被人赞美。赞美对于沟通人与人之间的感情很有帮助。赞美是处理好人际关系不可缺少的重要手段。心理学家阿拉森的实验表明：在人际交往中，人们总是倾向于喜欢那些在心理上能为自己带来欢乐的人，喜欢那些同样也喜欢我们自己的人。我们要想得到别人的喜欢，就要首先学会赞美别人，因为赞美是交际中产生相悦性常用的一种手段。如果我们能够掌握赞美的技巧，便能很快建立起良好的人际关系，交更多的朋友。

(1) 赞美的重要性。

赞美是人们心理上的需要。心理学家威廉·詹姆斯指出："渴望被人赏识是人最基本的天性。"马斯洛需求层次理论也指出：人有一系列复杂的需要，按其优先次序可以排成梯式的层次，由较低层次到较高层次依次把需求分成生理需求、安全需求、社交需求、尊重需求和自我实现需求五类。而对他人的不吝赞美较好地满足了对他人较高层次的尊重和自我实现的需求。

赞美可以帮助他人喜欢自己，使人际关系和谐。赞美就是和谐人际关系的良好润滑剂，赞美他人实质上是对他人表达你对他的关注和尊重。人与人之间的交流总是双向的，你关注了他人，尊重了他人，自然也较容易获得他人的关注和尊重。

赞美可以帮助他人认识自己，拥有自信，激发他人向上。

(2) 赞美的原则。

赞美要真诚。这是赞美的先决条件。只有名副其实、发自内心的赞美，才能显示出它的光辉和魅力。赞美的内容应该是对方拥有的、真实的，而不是无中生有的，更不能将别人的缺陷、不足作为赞美的对象。赞美要真正发自肺腑，情真意切。言不由衷的赞美无疑是一种谄媚，最终会被他人识破，只能招来他人的厌恶和唾弃。

赞美要适时。认真把握时机，恰到好处的赞美，是十分重要的，当你发现对方有值得赞美的地方时，就要及时大胆地赞美，千万不要错过机会。在别人成功时，送上一句称赞，犹如锦上添花，其价值可“抵万金”，人的心情就会格外舒畅。

赞美要适度。赞美尺度掌握得如何往往直接影响赞美的效果。恰如其分、点到为止的赞美才是真正的赞美。所以赞美之言不能滥用，赞美一旦过头变成吹捧，赞美者不但不会收获成功的微笑，反而要吞下被置于尴尬境地的苦果。这就是古人说的“过犹不及”。

(3) 赞美的技巧。

学会寻找赞美点。只有找到对方贴切的、闪光的赞美点，才能使赞美显得真诚，而不虚伪。寻找赞美点应从外在、内在和间接的关联等角度去寻找。外在的包括衣着打扮(穿着、领带、手表、眼镜、鞋子等)、头发、身体、皮肤、眼睛、眉毛等。内在的包括品格、作风、气质、学历、经验、气量、心胸、兴趣爱好、特长、做的事情、处理问题的能力等。间接的关联包括籍贯、工作单位、邻居、朋友、职业、使用的物品、养的宠物、下级员工等。

通过提问获取信息。当我们面对陌生人时，除了自己善于观察并寻找赞美点之外，还可以通过提问直接获取自己想要的信息。开始交谈时，赞美式的寒暄也是拉近沟通距离的有效方法。

用感叹句的形式赞美。同样的语言内容用不同的语调说出来，表达的情感就会不一样，表达真心的赞美自然要使用情真意切的语气。在常用句式中，感叹句表达情感最强烈。“你表现真好”远没有“你表现得真出色”来得强烈。当然，文字的差异在其次，关键是说话时的语调和表情。语调是情感的产物，它能帮助说话者更准确地表情达意，使倾听者产生不同的感受和效果。赞美时应该用上扬兴奋的语调配上温暖的笑容。

赞美形式要多样，有创新。赞美他人如果能够别出心裁，必然会给被赞美者带来喜悦和惊喜。间接赞美也会收到意想不到的效果。例如，把对他人的赞许在与朋友闲聊时提几句，这些话通过朋友传到对方耳朵里，他一定会相信你的赞美是真诚的。

此外，赞美之词有时不一定要通过语言的形式表达，投以赞许的目光、做一个夸奖的手势、送一个友好的微笑也能收到同样的效果。现代社会交际方式的多样性也给我们提供了其他赞美方式。例如，我们可以通过发信息，或是写上只字片语的小卡片来向对方表达赞美之意。

# 第二节 网络语言文明规范

互联网作为开放的网络平台，人人都可以依托互联网开展网络沟通与交流。而随着互联网+技术以及移动互联网技术的发展，在网络上的沟通和交流逐渐发展成为主要的方式。网络不是法外之地，在网络中沟通也要遵循一定的规则，掌握一定的语言沟通技巧。

## 一、网络语言的不规范问题

### 1. 用字用词随意

许多网民为了提高录入速度，或是为了节约上网费用，或是为了省力，或是受到常用输入法的影响，或是为了彰显个性，在词语的使用上往往表现出非常随意的倾向。这些人在网上交流时，不太注意所使用词语是否准确、是否规范，往往随心所欲地使用各种交际手段，恶意创造，任意缩略和同音替代，乱用代码等。例如，将“同学”写成“童鞋”，“神马都是浮云”意为“都不值得一提”，将“神马”与“浮云”两个词结合在一起。此外，还有像“喜大普奔”“我伙呆”等生造词、病句、答非所问的断裂式会话比比皆是。

### 2. 语码混用现象严重

网络用语中非汉语成分的外文原形词、字母词、数字与符号、图形的组合体等所占比例相当高。语码混用现象相当严重，很多词语成了异族文化入侵的帮凶，已经给网络交流秩序、民族文化传承和现有词语规范标准带来了很大冲击。例如，“你好漂漂或者 PP(漂亮)”、“PK” (攻击)等随处可见。

### 3. 用语不良倾向

互联网交际的个性化、匿名性、开放性以及交往主体的真正平等性等特征，为广大网民提供了一个比真实世界更为自由的交际空间，每个网民都处于一个相对个人化的自主空间之中。在此情景下，网络词语体现出了非同一般的直白性——在网上，网民们什么话都敢说，而且说得直截了当。然而，过分的直白带来的必然是语言的浅薄、粗鄙和恶俗。有些词语随意、混杂，甚至粗俗不堪，缺乏使用规范，并被一些网民带进现实生活中，挤占了规范词语学习和使用的生态空间。例如，“打酱油”“关我鸟事，我是出来打酱油的”等，有其庸俗、低下的一面，使人仅仅局限于感官刺激，缺乏美的感受。

#### 4. 情境化色彩浓厚，全民可接受性降低

许多网络词语的意义只有在当时网络交际的独特语言环境中才能够被理解，离开了具体的网络交际语境，就会出现难以理解或语意发生变异的弊病，加上网民随时都有可能会在交流情境中创造出一些新词和新式表达，从而使网络语言千奇百怪，致使其全民可接受性大为降低。

#### 5. 较高的变异性和不稳定性

由于受到网络时尚流行性特征的影响，因此网络词语呈现出爆发式消长的高变异性特征。网络词语的更替速度特别快，经常是今年这一批词语爆发式产生、流行和普及，下一年又换成了另一批词语。跟风式的流行时尚引发的必然是网络词语整体构成的不稳定性。一种语言的词语更替过快，是十分不利于语言学习和已有社会文化的传承的。例如，“傻多戴”“智捉”“语死早”等词的稳定性差，语义变异度高，常常令人无所适从。

## 二、正确看待网络语言

我们应该用公正、客观、发展的眼光看待网络语言，既不能全盘否定，也不能全部拿来。因为网络语言虽给汉语带来了某些负面影响，但同时也给语言的发展注入了新的活力。中华文明之所以历经五千年而血脉不断，正是因为中华文化兼容并蓄的博大胸怀。所以，为了继续传承中华民族五千年的文明，同时也记载下这个时代的特点，就要用一种包容的心态来对待。网络语言中的一部分词汇在经过长时间实践验证被人们接受后也可以进入基本词汇。我们反对网络上的粗话、脏话和废话，但生动形象能体现网民个性的习惯用语无妨于社会的进步和发展，反而能丰富、活跃我们的文化生活，为传统语言注入新的生命力。

#### 1. 学会辨析网语，摆正使用网络语言的心态

选用那些经过一段时间的使用，已经进入稳定阶段的词语作为交流工具是正确的心态；对那些不成熟，随意性太强，不具有通用词语稳定性的网语，最好不用。也不要一味地追求时尚、标新立异而在作文里运用一些生僻、晦涩、没有生命力的词汇，特别是一些低级、粗俗的网语坚决不要使用。

### 2. 提高阅读能力，规范使用网络语言

阅读优秀的网络作品及优秀的课外读物，培养语感，自觉摒弃可能会引起歧义的网络语言。新时代大学生应学会欣赏传统美文，阅读经典著作。优秀的传统书籍凝聚了每一个民族，每一个时代的精神，汇集了人类最美好的创造。真正的文学大师的语言具有生命的灵性。欣赏经典文学，可以激发我们从内心深处对传统语言的喜爱，自觉地用传统语言、纯洁的语言去创造，去说真话，说实话，说心里话。

## 三、网络语言遵循的原则

语言体系需要大家自觉维护，每个人都要自觉学好用好规范的语言。语言文明是人类文明的一部分，同时也是社会进步的标志。随着社会发展，语言应向文明高雅的方向发展。充满活力的语言才能经得起考验，约定俗成后，我们可以接受。但是面对雨后春笋般的网络语言，我们也不应该逃避，而应学会面对。对网络语言进行规范是一项复杂的工程，网络用语规范宜遵循以下五条原则。

### 1. 遵纪守法的原则

《中华人民共和国网络安全法》是我国第一部全面规范和保障网络空间安全管理的基础性法律，是我国网络空间法治建设的重要里程碑，是依法治网、化解网络风险的法律重器，是让互联网在法治轨道健康运行的重要保障。其中第十二条规定：任何个人和组织使用网络应当遵守宪法法律，遵守公共秩序，尊重社会公德，不得危害网络安全，不得利用网络从事危害国家安全、荣誉和利益，煽动颠覆国家政权、推翻社会主义制度，煽动分裂国家、破坏国家统一，宣扬恐怖主义、极端主义，宣扬民族仇恨、民族歧视，传播暴力、淫秽色情信息，编造、传播虚假信息扰乱经济秩序和社会秩序，以及侵害他人名誉、隐私、知识产权和其他合法权益等活动。

《中华人民共和国刑法修正案(九)》规定，“违反国家有关规定，向他人出售或者提供公民个人信息，情节严重的，处三年以下有期徒刑或者拘役，并处或者单处罚金；情节特别严重的，处三年以上七年以下有期徒刑，并处罚金”“编造虚假的险情、疫情、灾情、警情，在信息网络或者其他媒体上传播，或者明知是虚假信息，故意在信息网络或者其他媒体上传播，严重扰乱社会秩序的，处三年以下有期徒刑、拘役或者管制；造成严重后果的，处三年以上七

年以下有期徒刑”。

2. 自发规范和自觉规范相结合的原则

自发规范是社会在语言运用中自然的调节行为，是比较消极的规范形式；自觉规范是人们对语言应用有意识地采取某些措施，进行必要的干预，以维护语言的纯洁，促使其健康发展，便于社会应用，是一种积极的规范形式。由于网络媒体具有虚拟性、个性化强和难以监管的特点，因而要遵循自发规范和自觉规范相结合的原则。首先大力引导网民认识到网络交际中使用不规范词语的各种弊端，提高对规范的必要性的认识，自发规范自己的语言，同时倡导广大网民自觉使用规范词语，抵制不规范用语。

3. 约定俗成、逐渐规范原则

约定俗成原则是语言发展变化的一条基本原则，对网络用语同样具有指导作用。由于网络本身还是新生事物，仍处于发展之中，网络词语也是一种新兴社会方言，也有个约定俗成的过程。广大网民有创造词语和选用词语的自由，因而必须采用“约定俗成”的规范原则。“逐渐规范”是指对待富有个性和独创性的网络词语不宜采用行政命令的方式，而应根据网络交际的独特语境，不断地调查词语应用的实情，分类别、分层次、分阶段逐步进行规范。

4. 分层规范、动态跟进的原则

网络词语内部成员的地位是分层次的。有些词语已进入全民用语的核心层；有些词语比较常用，已进入全民用语的通用层；有些词语通行面窄，只处于全民用语的边缘层。对网络用语进行规范，要有宽容的心态，应该遵循分层规范、动态跟进的原则。严格要求的应该是法律条文和规章制度的语言使用规范，而在日常生活和网络交流中使用一些欠规范但是生动的语言是可以的，应区别对待。这是因为这些尚欠规范但生动而富有表现力的网络词语有可能在未来的言语实践中随着网民的高频使用而逐步规范，进入全民用语的核心层。

5. 道德规范和语言规范相结合的原则

网络用语的不规范有很多是由交际内容和交际方式在道德上不规范所引发的，语言不规范也容易引发道德争议。因而对待网络词语，宜遵循道德规范和语言规范相结合的原则，倡导文明上网，提倡并褒扬良好的网络道德，把网民网上道德自律和网络语言监控有机地结合起来。这样就能全方位提高网络词语规范水平。

## 四、树立净化网络语言的意识

首先，面对网络报道的各种热点事件，要提高辨别该报道真假的能力，有必要收集不同渠道对同一事件的报道，进行仔细的比较分析，从而得出自己的结论。

其次，在网络中发布自己的评论时，一定要坚持有理有据、以理服人的评论写作原则，杜绝情绪化、粗俗化的评论行为。同时要坚持尊重他人，理性交流。

再次，要善于利用网络和大学生的外语优势，积极了解其他语种的语言材料，并有意识地进行外语新词汇汉语化的探索，为民族语言的发展作出贡献。

最后，建立学生自主管理的网络语言文明组织，发挥众多大学生的合力，捕捉新兴网络语言现象，探索这种现象的来龙去脉及影响，推进网络语言文明建设工作的组织化、科研化和实效化。

## 五、远离网络语言暴力

互联网时代，移动新媒体的快速发展使我们在获取海量信息的同时，也大大拓展了言论空间，然而随之出现的社会问题——网络语言暴力让人们不堪其扰。网络中出现的语言暴力是指使用谩骂、诋毁、蔑视、嘲笑等侮辱歧视性的语言，致使他人在精神上和心理上遭到侵犯和损害。网络低俗语言不只表现为语言的低俗和低级，更在于其积聚了相当的暴力行为。在一定意义上，网络语言暴力比语言低俗更值得关注。网络语言暴力的危害主要体现为污言秽语和谩骂攻击、人肉搜索和道德审判。所有这些可以说是礼仪原则和伦理原则的缺位。

要养成文明上网的习惯，不做网络上的施暴者。一方面，不能因噎废食，该发声处要发声，但强有力的发声必须言之有理，论出有据；另一方面，要言之有度，即便出于好动机，即便心有不忿，也要注意说话的“度”，多一些理性，多一些探讨，给对方以解释辩驳的机会。

## 六、网络环境中的沟通技巧

### 1. 注意语言文明

在聊天时使用文明语言，是网聊交流的基本礼仪。例如，使用“您好”“大家好”“很高兴认识您”“很高兴见到您”“对不起，我打错字了”“我有点儿事，要离开一会儿”“我要下线了，以后再聊好吗”“再见”等文明用语，会使聊天很愉快，给对方留下好印象。

### 2. 尊重对方人格

网络聊天中，双方(或多方)的人格是平等的。不管是领导干部、百万富翁、明星大腕、耄耋老者，还是平民百姓、退休工人、低保对象、稚子顽童，在网络上都是以普通网民(网友)的身份出现的。只有尊重对方，才能赢得对方的尊重。如果能够确认对方是长者、女性，则更要尊重。

### 3. 尊重对方隐私

社交礼仪和日常生活礼仪在聊天中同样适用，一般不要追问涉及对方隐私的问题，如对方的姓名、工作单位、家庭住址、职务级别、经济状况等，尤其不要问女性的年龄、身高、体重、婚姻等。

### 4. 保守个人秘密

聊天时，经常会遇到对方询问涉及个人隐私和秘密的情况，如果不想告诉对方，要会婉言拒绝，做到既不伤害对方，又能保守个人秘密。

### 5. 慎用表情图片

恰到好处地使用表情、图片、动漫等可以使聊天图文并茂、情景交融、妙趣横生，尤其是使用自制的图片更能体现个性，提升品位。但是，在使用表情图片时一定要注意加以选择，适合话题，适合情景，适合气氛。多使用祝福的表情图片，忌用带有侮辱性、不雅的表情图片。表意不明、容易造成误解的表情图片尽量不要使用。

**知识链接**

### 《中华人民共和国网络安全法》摘录

**第六条** 国家倡导诚实守信、健康文明的网络行为，推动传播社会主义核心价值观，采取措施提高全社会的网络安全意识和水平，形成全社会共同参与促进网络安全的良好环境。

**第十二条** 国家保护公民、法人和其他组织依法使用网络的权利，促进网络接入普及，提升网络服务水平，为社会提供安全、便利的网络服务，保障网络信息依法有序自由流动。

任何个人和组织使用网络应当遵守宪法法律，遵守公共秩序，尊重社会公德，不得危害网络安全，不得利用网络从事危害国家安全、荣誉和利益，煽动颠覆国家政权、推翻社会主义制度，煽动分裂国家、破坏国家统一，宣扬恐怖主义、极端主义，宣扬民族仇恨、民族歧视，传播暴力、淫秽色情信息，编造、传播虚假信息扰乱经济秩序和社会秩序，以及侵害他人名誉、隐私、知识产权和其他合法权益等活动。

**第二十七条** 任何个人和组织不得从事非法侵入他人网络、干扰他人网络正常功能、窃取网络数据等危害网络安全的活动；不得提供专门用于从事侵入网络、干扰网络正常功能及防护措施、窃取网络数据等危害网络安全活动的程序、工具；明知他人从事危害网络安全的活动的，不得为其提供技术支持、广告推广、支付结算等帮助。

**第四十三条** 个人发现网络运营者违反法律、行政法规的规定或者双方的约定，收集、使用其个人信息的，有权要求网络运营者删除其个人信息；发现网络运营者收集、存储的其个人信息有错误的，有权要求网络运营者予以更正。网络运营者应当采取措施予以删除或者更正。

**第四十四条** 任何个人和组织不得窃取或者以其他非法方式获取个人信息，不得非法出售或者非法向他人提供个人信息。

**第四十六条** 任何个人和组织应当对其使用网络的行为负责，不得设立用于实施诈骗，传授犯罪方法，制作或者销售违禁物品、管制物品等违法犯罪活动的网站、通讯群组，不得利用网络发布涉及实施诈骗，制作或者销售违禁物品、管制物品以及其他违法犯罪活动的信息。

**第七十一条** 有本法规定的违法行为的，依照有关法律、行政法规的规定记入信用档案，并予以公示。

**第七十四条** 违反本法规定，给他人造成损害的，依法承担民事责任。

违反本法规定，构成违反治安管理行为的，依法给予治安管理处罚；构成犯罪的，依法追究刑事责任。

## 思考与练习

1. 什么是语言交际的“四有”和“四无”？
2. 什么是“六不谈”和“五不问”原则？
3. 什么是普通话？普通话与方言的关系是什么？
4. 人际交往中如何倾听？
5. 赞美有什么作用？如何赞美他人？
6. 简述网络沟通的技巧。

# 第四章　新时代大学生仪容仪态文明规范

新时代文明礼仪作为规范人们行为的准则，不仅潜移默化地净化着人们的心灵，而且从行为美学等方面指导着人们不断地充实和完善自我。青年学生通过接受良好的文明礼仪规范教育，谈吐变得越来越文雅，服饰变得越来越得体大方，仪容仪态变得越来越符合规范，体现出良好的精神风貌，符合大众的审美要求。文明礼仪规范教育能够帮助青年学生创造全新的自我，在社交场合、公众面前更加注重塑造良好的形象，充分展示出新时代大学生良好的风采，这也是践行社会主义核心价值观的直接体现。

青年学生文明礼仪素质养成教育是一项长期的工作，是一项系统工程。通过青年学生的行为训练和品德培养，引导其自觉把社会的道德规范转化为个体的道德品质、道德实践。文明礼仪素质养成教育是知识积累、行为外化的过程。通过构建青年学生文明礼仪素质养成教育的关键要素和良好环境，培养出彬彬有礼、庄重优雅的高素质大学生。

新时代大学生仪容仪态文明规范在展示个人风度、协调人际关系、推动社会文明、维护民族尊严等方面发挥着重要的作用，有时甚至成为我们事业成败的关键因素。

## 第一节 整洁朴素的校园着装

着装是大学生文明礼仪中不容回避的一个环节，它既是个性的彰显，又是一种文化的缩影与表现，更是文明礼仪的外在体现。文明礼仪无处不在、无时不有，它不是表面，而是细节，尤其着装能直接反映一个人的内在文化素质和审美情趣。校园中，整洁朴素的着装体现着新时代大学生的风貌，是维护个人形象、学校形象的重要形式，也是维护新时代大学生队伍整体形象的外在表现。

### 一、总体要求

大学生整洁朴素的着装展现了校园文明之美。服装作为一种社会文化形态和现代艺术设计的重要组成部分，是精神与物质、审美与使用相结合的产物，对创造良好的生活方式、提高人们的生活品位起着重要的促进作用。服装之美在于穿在不同人的身上能产生不同的美感，反映出不同的文化涵养和精神风貌。人之美在于外在美与内在美的统一和谐。新时代大学生应注重内外兼修的美，华丽的、另类的、颓废的着装都不适合，应以大方、朴素、合体、自然的着装来彰显大学生的青春活力之美，用服装的外在美和自己的内在美展现大学生良好的精神风貌。干净整洁、朴素大方的校园着装尽显校园文明之美。

#### 1. 衣着得体，赢得尊重

一个人的外在形象与其身份、地位、阅历、品质不无关联，衣冠服饰可以彰显人的个性、涵养及心理，着装文化充分体现了大学生独特的思维视觉。然而缤纷多彩的着装点缀美丽校园的同时，也夹杂了一些不和谐、不文明的画面：在夏天的大学校园里经常可以看到一些学生穿着各式各样的拖鞋，有人甚至穿着拖鞋走进教室、图书馆、会场。大学生张扬个性本无可厚非，但这种过度自由散漫实在有违大学生行为规范和着装礼仪，干扰了正常的教学秩序，给自己和他人造成了不良影响。大学生强调自我、享受自由，必须考虑公众环境，尊重他人的感受，这样才会赢得他人的尊重。

#### 2. 礼仪穿着，自然惬意

“冠必正，纽必结；袜与履，俱紧切。”(〔清〕李毓秀《弟子规》) 帽子一定要戴端正，衣服纽扣要扣好，袜子和鞋子都要穿整齐，鞋带要系紧。《弟子规》讲得简单、恰到好处，强调了基本的穿衣戴帽规范。有些学生着装暴露、衣衫不整，邋里邋遢，严重影响了大学生的自身形象。穿着整齐，舒服自然，是对大学生的基本要求。大学生着装还要注意色彩的搭配，给人以美感。着装要整洁大方，要符合大学生的身份，要俭朴整齐。得体的穿着可以显得更加美丽，能够体现出新时代大学生良好的修养和独到的品位。

**3. 理智消费，节省成本**

“衣贵洁，不贵华；上循分，下称家。”(〔清〕李毓秀《弟子规》)可见，服装的档次不在于价值和外在华丽，而在于干净整洁，穿对就好；符合身份，符合礼仪，得体大方为佳。大学生的衣着应以得体、实用、经济为原则，注意衣着与环境、场合、身份、气质、个性等因素相匹配，不要盲目追求名牌以满足虚荣心，而应根据需要和经济支付能力选购可以满足需求且性价比高的服饰。具体来说，休闲服、运动装和校服比较适合大学生的日常学习生活，穿这类衣服进办公室、教室和外出游玩都比较方便适宜。除特别规定必须穿特定服装外，校服是不会引起争议的。但在一些重要的会议、严肃的场合还是提倡穿正装，以体现出自己的文化层次、道德水准及内涵修养。另外，在一些特定的场合，要按有关规定着装，如实验室中一定要穿特定的实验服装；宿舍中可以随意一点，但也要注意环境影响。简言之，穿的衣服贵在整洁大方，而不在于华丽；衣服要符合自己的身份，还要和自己的家庭条件相适应，大学生作为无经济来源的特定群体在着装时更要遵循这一原则。

**4. 健康向上，迎接未来**

大学生在平时学习、生活中就应该有意识地通过一些途径培养、塑造自身形象，为自己在未来就业求职道路上增加重要的竞争砝码。加强内在形象的培养和锻炼，要注重知识的积累。大学生在学好专业课之外，还应当大量涉猎其他学科领域的知识，同时要拥有良好的心理素质，拥有自信、豁达、热情、开朗的心理。适当注意外在形象，举止自然潇洒、稳重大方，谈吐优雅得体、幽默风趣，待人真诚热情、宽容大度，遇事沉着冷静、自信果敢，再辅之以适度的着装，风度和魅力自然在大学生身上流露出来。

## 二、具体规范

**1. 干净整洁、自然得体**

干净整洁是服饰美的首要条件。无论在何种场合，穿何种衣服，都要保持服装整齐洁净，才能保证服饰有美感；否则，无论穿何种品牌、质地、式样、颜色的衣服，都会给人留下不好的印象，也就无所谓服饰美了。大学生着装的时候，干净得体才是最重要的，应根据自己的身型选择着装，达到端庄自然、干练精明。要庄重、整洁，忌残破、肮脏。不穿奇装异服，不穿自以为时尚潮流的怪异服装，衣不合体会给人留下可笑的印象，每个人要明了自己体型的优点和缺点，不要强撑。恰当的着装不仅是对自身形象的展示，同时也是对他人的尊重。

### 2. 简约大方、朴实无华

简约大方是着装的最高境界。大学生着装不应该把时尚作为选择的前提，而应以简约大方为出发点，达到舒适、简朴、自然、美观。穿着舒适，看着舒服，这样才是最合适的穿搭。最经典或者最让人舒服的穿搭就是简单的穿着，因为简单的搭配，才会让人看着更加舒适、清爽。着装要符合道德传统和常规要求，忌穿过露、过透、过短和过紧的服装，身体部位的过分暴露，不但有失自己身份，也失敬于人，使他人感到多有不便。

### 3. 色彩和谐、搭配协调

着装的各个部分要相互呼应，精心搭配，力求使其在风格上一致，不要随便胡乱混搭，特别是要恪守服装本身与鞋帽之间的搭配，在整体上尽可能做到完美、和谐，展现着装的整体之美。着装色彩不宜过多且要和谐，着装的基本原则一般应保持三种颜色以内，避免过多色彩。除注意本人对色彩的偏爱和色彩的流行之外，还要使不同的色彩和谐统一或呼应，给人一种比较舒适的视觉感受，否则过于华丽、色彩惹眼会给人杂乱无章、华而不实、浅薄、无知、粗俗的感觉。

### 4. 体现气质、符合身份

着装礼仪作为一种文化，直接反映时代和社会风貌。着装是人类的一种内在美和外在美的统一，通过着装可以增进个人的仪表与气质。大学生的着装应体现出自身的个性、风度、气质，这样才能与自己的学识、修养相匹配，才能符合大学生的身份。大学生主要的任务是学业，要围绕学习、生活方便着装。休闲的服装能够呈现青春的气息，整齐严肃的服装能够体现思维的严谨。大学生着装时要考虑与环境、季节相协调，才能与审美要求相符，给他人以美的感受。大学生要穿符合自己身份的服装，建立良好的着装礼仪氛围，营造积极向上的环境，塑造团结友爱、朝气蓬勃的校园文化。

**5. 精心选择、区分场合**

从礼仪的角度看，着装不能简单地等同于穿衣戴帽，它是着装人基于自身的阅历修养、审美情趣、身材特点，根据不同的时间、场合、目的，力所能及地对所穿的服装进行精心的选择、搭配和组合。参加大型活动等正式场合，着装切记上衣要有领子、有袖子，下身不光腿、不光脚。校园着装应遵循两个基本原则：一是符合自己所处的时间、地点、场合，如教室着装、体育课着装、周末休闲着装等，做到在不同的时间、地点有不同的着装；二是遵守学校有关制度的规定，如避免夏天随便穿拖鞋、背心或奇装异服到教室等学习场所。

# 第二节　端庄得体的公众仪容仪态

中华民族是一个非常注重仪容、仪态修养的民族。天津南开中学“镜箴”是这样说的：“头容正，肩容平，胸容宽，背容直。面必净，发必理，衣必整，纽必结。颜色：宜和，宜静，宜庄。气象：勿傲，勿暴，勿怠。”因为周恩来总理曾在天津南开中学读书，因为周恩来是风度翩翩、注重仪表的人，所以，人们经常将天津南开中学的“镜箴”与周恩来总理联系在一起。周恩来总理讲究简朴，但又不失大国领导人的气度。周恩来总理不论是与外国友人在一起，还是与中国百姓在一起，都是服装整洁，面部清爽，发型利索。他是我们学习的榜样。

公众场合中端庄得体的仪容是个人形象的重要组成部分。仪容即人的容貌，主要是指人的面部和头发。通过面部与头发的修饰，可展现每个人的个性、喜好、修养等。仪容不仅是打扮和美容，而且是人的精神面貌的体现，得体的仪容能使人在公众场合中保持良好的精神风貌。

《弟子规》中写道：“步从容，立端正，揖深圆，拜恭敬；勿践阈，勿跛倚，勿箕踞，勿摇髀；缓揭帘，勿有声，宽转弯，勿触棱。”其含义是走路时要不紧不慢，从容大方；站立时要端庄直立。这些要求对于今天的我们来说仍然具有积极的意义。

公众场合中端庄得体的仪容美是人体在时空中的静态展现，而仪态美则是人体在时空中的动态展现。仪态是一个人精神面貌的外在体现，是人的体与形、动与静的结合。英国哲学家培根认为：“在美方面，相貌的美高于色泽的美，而雅秀得体的动作美又高于相貌美。这是美的精华，是绘画表现不出来的。”也就是说，与相貌美相比，仪态美更为重要。

## 一、总体要求

### 1. 完善自我，优雅得体

仪容仪态体现着一个人欣赏美、追求美的学识与修养，以及个人对他人、对社会的尊敬。仪容的健康和美丽，仪态的得体与大方，需要经常性的保养和修正来实现。大学生化妆要适度、协调。大学生文雅的仪容仪态常常给人以心理安全感和外在尊重感，质于内而形于外会使人赏心悦目，令自己神采飞扬。

如果希望建立优雅、得体的仪表形象，就需要全方位地修饰、修正自己的仪容仪表。仪容仪态文明是增强自信心的有效手段，是自我完善的基础。

**2. 展示风采，文雅端庄**

“文质彬彬，然后君子。”(《论语·雍也》)可见，仪容仪态是不可忽视的问题。仪容仪态文明在现代生活中越来越重要，这并不是说大学生必须要长得丽质非凡，而是说可以靠适当的化妆修饰、发式造型、着装佩饰等手段，使大学生的形象得以美化。仪容仪态美是自然美、修饰美、内在美的统一。新时代大学生应做到文雅端庄，不浓妆艳抹，不做过多修饰，以自然美展现新时代大学生的风采。

**3. 塑造形象，充满自信**

良好的仪容仪态可以表现出大学生的自信、积极进取的精神状态和高尚的道德情操。从仪容仪表的修饰到着装打扮，从服装色彩的搭配到小饰品的点缀，从举止的优雅到站、坐、行规范的养成，从微笑的训练到肢体语言的解析，无不体现仪容仪态文明之美。讲究仪容仪态之美将不再是一种外在的形式，更多的是能使大学生不断地获得一种精神上的振奋，使内心的愉悦与外在的美和谐统一起来，使自卑心和羞怯心逐渐消失，自信心相应增强。

**4. 文明规范，内外兼修**

仪容仪态不仅是个人的爱好和兴趣，更体现出对他人的尊重和信任、对社会的责任和义务，也展现出了新时代大学生的精神风貌和文明程度。大学生外在的仪容仪态要以内在的品德为本，有诚敬之心，才会有庄重、恭谨之色。否则大学生的仪容仪态修养就会流于虚伪。内在素质与外在个人仪容仪态的文饰要配合得恰到好处，既不能只注重朴实而不注重外在的仪容仪态，又不能只注重仪容仪态而忽视个人的心灵素养。新时代大学生的仪容仪态文明塑造，要时刻践行社会主义核心价值观，从而达到内在美与外在美的和谐统一。

## 二、具体规范

**1. 适度修饰**

首先是头发修饰。要清洁头发，使发型适度，符合身份。男士的发型要大方有朝气，不可求新、求怪。女士的发型不能过于时尚，也不要染过艳的颜色，以梳理整齐、精神干练为宜。

其次是面部修饰。要注意脸部的清洁卫生，男性要剃须，女性如要化妆，要化淡妆，切忌浓妆艳抹；要养成良好的口腔卫生习惯，保持牙齿清洁。

最后是手足修饰。要经常洗澡，保持体味清新；注意手部足部的清洁，指甲缝里不能有污垢，不要留长指甲或染指甲。

### 2. 坐姿端正

规范的坐姿能给人留下良好的第一印象。椅子适宜坐满三分之二，将右脚与左脚并排自然摆放。女士入座时，若着裙装，应用手将裙子稍微拢一下，不要等坐下后，再重新站起来整理衣裙。坐定后，腰部挺起，上身保持正直，头部保持平稳，两眼平视，下颌微收，把手自然放于膝上。男士两腿可自然分开间隔一个拳头的距离；女士则应双腿并拢，不留缝隙。不要紧贴着椅背坐或只坐在椅子边，这样会显得过于放松或过于紧张。不要跷二郎腿和不停地抖腿，两臂不要交叉在胸前，更不能把手放在邻座椅背上，或做一些玩笔、摸头、伸头、抠指甲等小动作，以免给人留下一种轻浮傲慢、有失庄重的印象。

### 3. 眼神真诚

眼睛是心灵的窗户，恰当的眼神能体现出智慧、自信和热情。说话时应全神贯注，目光始终聚焦在对话人身上，展现出自信以及对对方的尊重。

正确的眼神表达应当是：礼貌地正视对方，注视的部位最好是对方的鼻眼三角区(社交区)；目光平和而有神，专注而不呆板；如果与多人交流，说话时要适当用目光扫视一下其他人，以示尊重；切忌目光游离不定，躲避闪烁。

### 4. 微笑自然

与人交流时要面带微笑，亲切和蔼，谦虚坦诚。这既是自信的表现，又可以消除紧张情绪。真诚自然的面部表情更易于和别人沟通交流，面带微笑会大幅提升个人的外在形象。聆听对方说话时，要通过适时点头等肢体语言来回应，表示自己已听明白，或正在认真听；同时也要面带微笑，切忌笑容过于僵硬，要体现自然和真诚，诸如表情呆板、大大咧咧、扭扭捏捏、矫揉造作，都是不适宜的。

### 5. 手势恰当

大学生在交流过程中可适当配合一些手势，但不要频繁耸肩或手舞足蹈。有些学生由于过分紧张，双手不知道该放哪儿，有些学生又过于兴奋，在侃侃而谈时舞动双手，这些都不可取。应避免有太多小动作，这是仪容仪态不文明的表现。切忌抓耳挠腮或用手捂嘴说话，这样显得紧张，不专心交谈。与国外友人交谈时，应事先了解不同国家公民手势的不同含义，以免造成不必要的麻烦和误解。

### 知识链接

## TPO 原则

TPO 原则是有关服饰礼仪的基本原则之一，其中的 T、P、O 三个字母分别是时间“Time”、地点“Place”、目的“Object”这三个英文单词的缩写，即要求人们在选择服装、考虑其具体款式时，首先应当兼顾时间、地点、目的，并力求使自己的着装及其具体款式与着装的时间、地点、目的协调一致，做到和谐适宜。

## 男士着装原则

1. 三色原则

三色原则一直以来都是男士着装礼仪中所重点强调的内容，主要指男士身上的色系不应超过 3 种，很接近的色彩视为同一种。

2. 有领原则

有领原则是指正装必须是有领的。无领的服装，比如 T 恤、运动衫一类不能称为正装。男士正装中的领通常体现为有领衬衫。

3. 纽扣原则

绝大部分情况下，正装应当是纽扣式的服装，拉链服装通常不能称为正装，某些比较庄重的夹克事实上也不能称为正装。

4. 皮带原则

男士的长裤必须是系皮带的西裤。运动裤、牛仔裤等不能称为正装。

5. 皮鞋原则

正装离不开皮鞋，运动鞋、布鞋和拖鞋是不能称为正装的。最为经典的正装皮鞋是系带式的。不过随着潮流的改变，方便实用的一脚蹬无带皮鞋也逐渐成为主流。

## 女士着装原则

女士着装中要注意的问题相对于男士着装来说多了一些流行因素。

女士着装最基本的要求是必须符合个性、体态特征、职位、环境、志趣等。

女士的穿着、打扮应该灵活，有弹性。女士要学会搭配衣服、鞋子、发型、首饰，会化妆，使之完美和谐。

职业套装更显权威，应选择一些质地好的套装，以套装为底色来选择衬衣、毛线衫、鞋子、袜子、围巾、腰带和首饰。

每个人的肤色、发色、格调不同，适合自己的颜色也不同，要选择一些适合自己颜色的套装，再以套装色为底色配选其他小装饰品。

## 个人仪容仪态礼仪注意事项

1. 注意修饰

修饰主要指仪容(即面容)修饰，主要包括三个方面：

其一，发型。总体要求是整洁、长度适中，适合自己。关于发长，男生宜前发不附额，侧发不掩耳，后发不及领；女生不宜过肩且在重要场合最好把头发束起来。

其二，面部。面部除清洁之外，多余毛发(如胡子、鼻毛和耳毛) 要注意适当清理。没有特殊的宗教信仰和民族习惯，最好不要留胡子。

其三，口部。要力求做到口中无异味，无异物。

2. 注意化妆

化妆就是使用化妆品进行自我修饰。在交往应酬中，化妆是一种礼貌，男女老少都存在这个问题，并非女士独享。化妆品主要有美容的、美发的、护肤的和除味的四类。关于化妆，要注意三点：

其一，化妆要自然，没有痕迹。

其二，化妆要协调。其主要包括三个方面：使用的化妆品最好成系列；化妆的各个部位要协调；化妆要与自己的服饰相协调。

其三，化妆要避人。不要当着别人的面化妆。

3. 注意举止

关于举止，要注意三点：

其一，要美观，即一般说的“站有站相，坐有坐相”。中国古人讲的“立如松，坐如钟，行如风”主要就是指举止美。

其二，要规范。比如，女生(特别是穿裙子时)上下轿车就有讲究：上车时，车门打开后，先背对车门坐下，然后把并拢的双腿收进去；下车时，车门打开后，两只脚首先着地，双腿并拢，然后人再慢慢移出去。

其三，要从众。具体来说，就是要使自己的举止动作与此时此刻绝大多数人，尤其是与自己的交往对象保持一致，从而被交往对象所理解和接受。

4. 注意表情

表情具体包括眼神、笑容等。

关于眼神，在日常交往中，我们务必要养成一个习惯：目中有人。我们在和别人交流的时候，要养成注视对方的习惯。在一般情况下，近距离(1～2 米)交谈时，宜看对方的眼神和头部，而且要正眼看，绝不能用眼角斜视，看的时间也有讲究，一般宜在交流时间的 1/3 到 2/3 之间，一定要认真看着对方。

关于笑容，要注意四个字：当笑则笑。笑也要注意分寸，微笑、含笑、大笑、狂笑、冷笑、苦笑，各有适用场合和对象，都是内心真实情感的自然流露。

## 思考与练习

1. 谈一谈对“第一印象”的认识。

2. 文明着装主要有哪些原则？

3. 大学生着装应注意些什么？

4. 谈谈对“TPO”原则的理解。

5. 个人的仪容仪态应注意些什么？

6. 站在镜子面前进行微笑训练，找到自己最美的笑容。

7. 观察其他人的姿态有哪些错误的地方，并思考这些错误会给你哪些启迪或教训。

# 第五章 新时代文明校园的创建

培养德、智、体、美、劳全面发展的社会主义合格建设者和可靠接班人是高校的根本任务。文明和谐的校园是完成好这一根本任务的必要条件。文明和谐的环境氛围，是教育功能充分发挥的基础，学生的综合素质全面培养的先决条件。同时，文明和谐校园又是文明和谐社会的重要组成部分，高校作为知识创新的高地和人才培养的基地，作为重要的文化辐射源，在文明和谐社会建设中发挥着引领和示范作用。

## 第一节　创建文明校园的重大意义

校园是体现学校精神、学术和文化的载体之一。创建品位高尚、环境优美、文化浓郁，适合于学生学习、生活和成长的文明校园，是一所高校综合办学水平和管理水平的直接体现，是学校培养高素质人才、实现长远发展的重要保证，是精神文明建设和文化建设在高等学校的具体落实，也是建设高水平大学的必备条件。

### 一、创建文明校园的重要性

#### 1. 学校现实发展的需要

文明校园建设既包括育人环境的营造，也包括育人资源的挖掘。高校通过大量的基础设施建设，硬件建设普遍达到了较高水平，而在硬件环境得到根本性改善之后，却面临着逐步将基础条件向现实成果转化从而实现软环境优化的现实问题。作为这一优化的实现途径，文明校园建设显得尤为重要。无论是从学校发展的现实要求看，还是从学校的未来发展看，创建文明校园无疑是高校建设面向未来的新起点，是社会对高校建设的要求，是时代赋予高校刻不容缓的任务。因此，必须始终把精神文明建设作为发展教育事业、培养合格人才、提高办学水平的重要任务常抓不懈；必须通过开展立意高远、内涵丰富、形式多样、各具特色的校园文化建设，将校园文明和校园建设充分结合，形成良性互动、互相促进的长效机制。

#### 2. 学校可持续发展的需要

文明校园建设是高校精神文明建设和实施素质教育的有效载体，是开展思想政治工作的有力抓手，是学校综合实力的具体体现，是实现学校可持续发展的重要支撑和途径。新时代文明校园的创建要求：通过开展文明校园创建工作，培养可持续发展的学生，造就可持续胜任的教师，创办可持续攀高的学校，实施可持续提升的教育，以健康的舆论引导人，以敬业的精神教育人，以文明礼仪教育规范人，全力建设文明和谐校园。创建文明校园对于提高大学生的综合素质，培养德、智、体、美、劳全面发展的合格人才具有重要意义。文明校园创建必须坚持立德树人的根本任务，把社会主义核心价值观培育放在教育的首要位置，帮助学生树立正确的世界观、人生观、价值观，真正把学生培养成为社会主义事业合格建设者和可靠接班人，使学生在服务人民、奉献社会的过程中实现自身全面发展，使广大师生成为社会主义核心价值观的坚定认同者、积极传播者、模范践行者。创建文明校园也是思想政治工作和德育工作的重要着力点，对于促进高校全面、均衡、可持续发展，提高人才培养质量发挥着重要的保障和支撑作用。

## 二、创建文明校园的意义

高校创建文明校园是贯彻落实党的教育方针，培养高素质人才的必然要求。高校是传播人类文明的重要场所，作为向社会输入和培养人才的重要场所，文明校园的创建不仅事关高校自身的发展，而且事关社会的长期、稳定和可持续发展。加强文明校园创建工作对于坚持社会主义办学方向，进一步优化教书育人环境，形成优良的校风、教风、学风，培养中国特色社会主义事业的合格建设者和可靠接班人具有十分重要的意义。

### 1. 有利于大学生坚持正确的成才方向

思想道德建设是高校文明校园建设最重要的内容，是文明校园建设的灵魂和支柱，是社会主义精神文明建设要求在高校中的具体体现，是整个文明校园建设的着力点和制高点。因此，大力加强以社会主义核心价值观为中心内容的思想道德教育，构建师生以坚定的理想信念，正确的世界观、人生观、价值观、道德观为核心的社会主义人文精神，就成为文明校园建设的根本目的之所在。通过加强文明校园建设，创造大学生健康成长的德育环境，有利于帮助和引导大学生坚持正确的成才方向。

### 2. 有利于大学生文明行为的养成

文明校园建设是培养大学生文明行为的有效途径。具体表现为：一是加强思想道德教育，特别是社会公德教育、法制教育、纪律教育，提高大学生道德认知；二是建立健全各种规章制度，规范大学生的行为；三是实行奖罚措施，提高大学生遵纪守法的自觉性；四是发挥环境对规范人的行为的作用。

### 3. 有利于大学生人文素质的提高

人文素质是指大学生在人文方面所具有的综合品质或达到的发展程度。提高新时代大学生人文素质需要着重对大学生开展学习人文知识、理解人文思想、掌握人文方法、遵循人文精神等方面的教育，这是大学生综合素质的一部分，特别是对新时代大学生来说，有利于思维能力、创新能力的培养。

**4．有利于建立良好的校风学风**

校风和学风建设是文明校园的重要体现，是一种无形的精神力量，是评价一所学校文明程度的重要标准，它既是文明校园的重要内容，又是文明校园的重要载体。优良的校风学风，是师生精神面貌的综合反映，重点围绕学生勤奋刻苦学习的学风、教师严谨治学的教风和干部勤政廉洁的工作作风开展建设，是保证教育质量的前提。

## 三、文明礼仪规范教育在创建文明校园中的重要作用

(1) 大学生文明礼仪规范教育是创建文明校园的重要一环。

学生是校园的主人，他们的文明程度就是校园文明的主要内容，创建文明校园不仅体现在物质、精神方面的创建和提高，更离不开制度和行为规范方面的约束和完善。大学生文明规范教育是制度和行为建设的重要内容，也是创建文明校园的最重要的制度体现，是创建文明校园的重要内容和环节。

(2) 大学生文明礼仪规范教育是创建文明校园的重要基础和支撑。

在创建文明校园的过程中，创建所涉及的方方面面问题必然需要各种成文和不成文的制度规范来提供支撑和保障。俗话说，没有规矩，不成方圆。在创建活动中，应以提高教育质量，开展思想教育，活跃校园文化，维护治安秩序为目的，不断改善学校办学条件，同时加强和改进学校内部管理模式，促进大学生文明礼仪规范的养成。

(3) 创建文明校园为大学生文明礼仪规范教育提供了载体。

创建文明校园，把学校建成文明、和谐、美丽的校园，是大学生文明礼仪规范教育的目标和成果体现。要以创建文明校园为导向和载体，以大学生文明礼仪规范教育为抓手，形成良好校风。在这种特有的校园氛围中，通过对规则意识的外在强化和完善以及意识的进一步深入人心，将对大学生文明礼仪规范教育起到强大的引领、推进作用，可以进一步促进优良校风、教风和学风的形成。

通过大学生文明礼仪规范教育，促进大学生行为规范化，并与创建文明校园相结合，提高大学生的综合素质，培养适应社会发展需求的合格人才和具有社会主义核心价值观的全面发展的高素质人才，无论对当前还是未来的教育实践，都具有重要作用。

# 第二节　文明校园的标准

为深化中国特色社会主义和中国梦学习教育，进一步培育和践行社会主义核心价值观，扎实做好学校精神文明建设工作，按照中央文明委、教育部有关工作部署，全国各级各类学校普遍深入开展文明校园创建活动。

## 一、基本原则

(1) 坚持价值引领，把培育和践行社会主义核心价值观贯穿于创建活动全过程。

文明校园创建工作要导向正确。社会主义核心价值观是中国特色社会主义的精神旗帜，是指导我国社会主义发展建设及深化改革开放的思想基础。用社会主义核心价值观的基本内容武装大学生的头脑，并在实践中身体力行，不断提高他们的思想政治和道德水平，是高等院校的核心教育任务。文明校园建设就是营造和谐向上、文明高雅、励志进取、富有人文气息的校园环境，这和社会主义核心价值观不谋而合。

文明校园创建工作必须坚持培育和践行社会主义核心价值观，把培养担当民族复兴大任的时代新人作为重要职责。培育和践行社会主义核心价值观，基础在于成风化人，凝心聚力。要紧紧围绕“社会主义核心价值观引领知识技能教育”这条主线，充分利用课堂教育、专题讲座、主题活动、典型激励、氛围营造等形式，把社会主义核心价值观融入教育教学和日常活动之中，通过“进教材，进场所，进活动，进社团”，达到“入眼、入耳、入脑、入心”的目的。探索和深化思政类教学课程改革，把情景教学、实践教学、辩论式教学和经典回看、红色记忆等引入课堂教育，加强对大学生的思想政治和理想信念教育。通过学习教育，在落细落小落实上下功夫，努力使社会主义核心价值观像空气一样无所不在、无时不有。通过持续深入的教育引导，推动社会主义核心价值观成为师生的思想自觉和行为习惯，使广大师生深刻理解核心要义，发自内心地认同。尤其要抓住青少年价值观形成的关键时期，把干事创业的责任担当、把为人处世的基本道理贯穿于校园教育，把文明校园创建工作视为帮助青少年扣好人生第一粒扣子的铸魂工程。

文明校园既要“塑形”，更要“铸魂”，文明校园建设的魂就是社会主义核心价值观建设，而社会主义核心价值观建设说到底是人的思想建设、灵魂建设。教师和学生是学校教育活动中最基本的“人”的要素，社会主义核心价值观建设体现在文明校园创建工作中就是对教师和学生的思想建设工作，是要着力造就有理想信念、有道德情操、有扎实学识、有仁爱之心的“四有”好老师，造就担当民族复兴大任的时代新人。

(2) 坚持贴近师生，使每一名师生都成为创建活动的实践者和受益者。

文明校园创建工作要主体鲜明。教师和学生是文明校园的主体和主人，要让师生携手共建文明校园，共享文明校园的建设成果。

学校提供给社会、家长和师生的是教育服务，而服务的核心就是以人为本。要充分调动广大师生广泛深度参与文明校园创建活动的积极性和主动性，倡导和谐友善，从新生入学(新员工入职)到毕业离校(退休离岗)、从思想动态到学习生活建立全过程、全方位的跟踪服务体系，把成长关注、生活关怀、健康关心、服务关爱贯穿始终；要以校风、教风、学风为重点，强化品牌意识，做好统筹规划，凝练和培育具有鲜明特色的校园文化，通过精心设计和组织开展形式多样的校园文化活动，以文化人、以文育人，增强广大教职工和在校生、校友的认同感、归属感，提高全校师生共建文明校园的参与度、认可度，使他们积极投身到文明校园创建活动中来。文明校园不仅需要良好的管理，更需要每个人参与其中。可以说，文明校园创建，每位师生都是主角。

文明校园创建也会让每位师生受益，它既能为教师提供建功立业、施展才华、实现人生价值的更好舞台，也能为学生营造汲取科学文化知识、确立人生正确航标的氛围。文明校园创建工作是推动学校教学、科研、后勤服务和管理工作上台阶、上水平的良好契机和必然选择。因此要形成上下重视、人人参与的创建格局：师生共建的文明校园和文明环境能够吸纳和滋养文明的教师，文明的教师能够引领和培育文明的学生，而文明的学生能够支撑和推动文明校园的长远发展。要让师生实实在在享受到这种良性循环创建工作带来的丰硕成果，使文明校园创建工作实现思想共识、行动共举、成果共享。

(3) 坚持注重实效，引导创建活动稳步推进，力戒形式主义。

文明校园创建工作要常抓不懈。

首先，创建文明校园要紧紧围绕领导班子建设、思想道德教育、活动阵地建设、教师队伍建设、校园文化建设、整洁优美环境建设等方面开展工作。

一是加强组织领导，确保创建成效。要建立相应的领导组织机构，定期召开协调会，切实把文明校园创建工作摆到突出重要的位置，列入重点目标管理来抓。

二是落实学校责任，强化监督检查。要严格落实领导责任制，责任到岗，量化到人，做到每一项任务都有专人牵头，有专人具体抓，促进文明校园创建工作常态化、制度化、规范化。

三是优化育人环境，提升内涵发展。要进一步优化育人环境，全面绿化、美化、优化校园，积极开展书香校园、文化校园的建设，促使学校内涵发展、特色发展。

四是注重创建过程，发挥示范引领作用。要充分发挥示范作用，广大党员带头开展文明校园创建活动，带头落实创建任务，在文明校园创建方面树立良好形象，为全体师生做好表率。

五是做好宣传工作，营造浓郁氛围。要及时设置专栏，开辟宣传阵地，大力宣传文明校园创建的意义、校园文明用语、文明礼仪、文明规范等，激励和引导广大师生积极参与到创建活动中来，使创建工作真正做到有声有色，人人皆知。

其次，师生正确价值观的形成是慢功夫，必须常抓不懈。在稳步推进文明校园创建的工作中，既要加强顶层设计、统一领导，也要坚持立足实际、长效创建。创建工作要在注重吸纳成功经验的基础上，以问题为导向补好短板，积极探索出适合文明校园创建的有效途径，走出一条主题鲜明、特色突出、符合实际的文明校园创建之路；创建工作还要坚决杜绝一切形式主义、表象工程，不贪大，不图虚，一步一个脚印，以抓铁有痕、踏石留印的决心和恒心持续推进。

(4) 坚持广泛参与，把创建活动延伸到班级、宿舍和每个师生，夯实校园文明根基。

文明校园创建工作要根基牢固。校园是一个整体，每个班级、每个宿舍、每位师生就是细胞；文明校园创建是高楼，每个班级、每个宿舍、每位师生就是根基。学校要文明，每个班级、每个宿舍、每位师生必须文明，只要每个班级、每个宿舍、每位师生文明了，整个校园就会文明。“善建者不拔，善抱者不脱。”(老子《道德经》) 根基牢固、参与广泛是创建文明校园的重要保障。

每位师生在校园里的一举一动、一言一行，不仅体现着一个人的素养，更反映着一所学校的档次与品位。尤其是网络时代，网络上的言行文明更与校园的整体形象紧紧相连。因此，作为学校文明的细胞，每位师生都应该恪守文明言行；同时，文明校园创建也是社会文明建设的重要组成部分。对于每一名步入社会的学子而言，校园里滋养起的文明习惯就会成为文明示范。这样的示范者、参与者多起来，必然会推动社会文明之风的大改善。因此，要持续夯实校园文明根基，让校园文明美丽绽放，让文明成为校园的最美底色。

## 二、总体目标和主要内容

### （一）总体目标

文明校园创建活动的总体目标是：通过文明校园创建活动，健全工作机制，提高师生公民道德、职业道德、文明修养和民主法治观念，提高校园文化生活质量，使校园文化内容健康、格调高雅、丰富多彩，提高校园文明程度，使校园秩序良好，环境优美，育人环境进一步改善。经过 2015 年至 2020 年的持续推进，实现高校、中小学文明校园创建活动 100%覆盖，使文明校园创建工作成为精神文明建设的响亮品牌。

### （二）主要内容

文明校园创建活动的主要内容是：以立德树人为根本，以学生为中心，加强师德建设，重点围绕思想道德教育、领导班子建设、教师队伍建设、校园文化建设、优美环境建设、活动阵地建设等方面开展工作。

#### 1. 思想道德建设

持续推动党的创新理论进教材、进课堂、进头脑。强化理想信念教育，积极培育和践行社会主义核心价值观；加强和改进思想政治理论课、道德与法治课教学，组织多种形式的教育实践；开展文明院系、文明处(科)室、文明班级、文明宿舍、文明食堂等创建活动，开展学雷锋志愿服务。只有学校思想政治工作扎实有力，道德建设才能广泛有效。

文明校园创建是丰富校园精神文明建设、促进学校各项活动丰富发展、助推学校内涵提升的有力举措，在“三全育人”(全员育人、全程育人、全方位育人)的理念下，文明校园创建的开展也是对高校立德树人，培养德、智、体、美、劳全面发展的人才的有力举措。高校在文明校园创建的实践探索可以从制度设计、紧抓德育、实践教育、服务社会等方面展开。

#### 2. 领导班子建设

坚持和加强党对学校工作的全面领导，增强“四个意识”，坚定“四个自信”，坚决做到“两个维护”，把握正确办学方向，履行管党治党、办学治校和意识形态工作的主体责任，坚持以党的政治建设为统领，全面推进学校党的政治建设、思想建设、组织建设、作风建设、纪律建设，把制度建设贯穿其中，充分发挥学校党组织的战斗堡垒作用和党员的先锋模范作用；领导班子勤政廉洁。

### 3. 教师队伍建设

坚持教育引导、制度规范、监督约束、查处警示并举，建立师德师风建设长效机制；用“四有好老师”标准、“四个引路人”、“四个相统一”和“四个服务”等要求引领教师成长发展，加强师德养成；将师德考核纳入教师考核评价体系，实行师德“一票否决”以强化师德监督，最终实现教师队伍师德师风良好，学校师生关系和谐融洽。

### 4. 校园文化建设

加强对学校教育思想、办学理念等精神内涵的凝练和归纳，开展各种形式的文明创建宣传引导，建设优良校风、教风、学风；完善学校的文体、科学教育设施和场馆建设，组织开展丰富多彩的文化活动和体育竞赛、体育健身活动，打造一批活动品牌，校园文化生活健康丰富。

### 5. 优美环境建设

加强校园规划、建设和管理，推动实现校园建筑、道路、景观等达到使用、审美、教育功能的和谐统一；加强校园安全教育和综合治理工作，完善学校平安创建机制；建设绿色环保校园，做好卫生、后勤服务和绿化、美化工作，校园环境整洁优美、和谐有序。

### 6. 活动阵地建设

巩固学校思想政治工作阵地，牢牢把握正确导向，充分发挥育人功能；抓好校报、校刊、校内广播电视、校园网和“两微一端”新媒体等宣传阵地，加强报告会、研讨会、讲座、论坛等的日常管理；深化网络文化建设和网络素养教育，建好管好用好网络平台，引导师生形成科学、文明、健康、守法的上网意识和习惯。

## 三、多措并举创建全国文明校园

(1) 注重顶层设计，强化系统联动，构建文明校园创建工作大格局。

学校党委把握发展方向，决定重大问题，监督重大决议执行，完善党委领导下的校长负责制；领导班子注重思想政治建设，自觉增强“四个意识”，坚定“四个自信”，坚决做到“两个维护”；把文明校园创建与整体工作同部署、同落实，提出文明校园建设的基本思想、建设目标和具体措施，为文明校园创建的常态化、制度化奠定基础；全校各部门积极配合，形成文明校园创建工作的大格局，为学校文明校园建设工作提供有力的组织保证。

(2) 明确目标任务，形成创建共识，指明文明校园建设方向。

学校开展文明校园创建工作要把加强和改进大学生思想政治教育工作与文明校园创建有机融合，以创建全国文明校园活动为载体，把培育践行社会主义核心价值观贯穿于创建活动全过程，形成良好育人环境。

(3) 明确创建重点，强化项目推进，开创文明校园建设新局面。

大力实施“1251”育人工程，即坚持把握“一条主线”(紧紧围绕“社会主义核心价值观引领知识技能教育”)，注重“两大理念”(注重弘扬传统文化，培育学生成人；崇尚实践技能，培养学生成才)，着力“五个融入”(将价值目标融入职业追求，忠诚教书育人；将创新理念融入教育改革，崇尚实践育人；将人文精神融入品牌积淀，依托文化育人；将自然和谐融入校园建设，借力环境育人；将以人为本融入言行关爱，践行服务育人)，实现“一个目标”(敦品励学，成才圆梦)，提升文化自觉，增强文化自信，实现文化自强。

(4) 坚持全方位、立体式驱动，营造立德树人文化氛围。

坚持立德树人。学校的思想政治教育和德育工作是社会主义核心价值体系建设中的重要部分，立德树人是学校思政和德育的中心环节，坚持德育为先，引导人、感化人、激励人；以人为本，通过教育塑造人、改变人、发展人。引导学生树立正确的世界观、人生观、价值观；树立为共产主义远大理想和中国特色社会主义共同理想而奋斗的信念和信心，并把个人理想追求融入国家和民族的事业中。

突出思想引领。持续深入开展习近平新时代中国特色社会主义思想教育，唱响主旋律，营造崇德向善的浓厚氛围；把专业知识教育与价值观培育有机统一起来，增强学生学习的积极性和社会责任感，鼓励学生坚定以学识报效国家的理想信念，培养大学生热爱祖国、热爱人民、追求真理、开拓创新的宝贵精神与优良品质。

落实全方位育人。学生思想政治教育与引导不仅仅是授课教师或辅导员的职责，也是全体教职工的共同责任；将育人理念融入日常管理服务工作中，主动关心爱护学生，努力为学生排忧解难；将育人工作落实到为学生学习生活做好服务的每一个环节中，通过所有教职工的全员参与，营造良好的校园文化和思想政治教育氛围，实现管理育人、服务育人、环境育人的全方位育人目标。

(5) 以教学科研为突破口，打造培育技能人才的教学科研基地。

坚持质量立校、人才强校、特色兴校、开放活校、文化润校，彰显教师教育本色，追求人才培养的卓越化，探索实施创新发展和特色发展；以教学为中心，开展教学改革，依托创新教育平台，实施校企结合，协同培育学生的创新思维和综合素质；以科研为先导，倡导科学精神和优良学风，推进文明校园创建工作。

(6) 创新大学生思想政治教育途径，助力大学生成长成才。

坚持立德树人，不仅要传授知识，培养能力，还要全面抓好思想政治教育，牢牢把握高校意识形态工作领导权，以切实行动和培育成效回答培养什么人、如何培养人以及为谁培养人等根本问题；以理想信念、爱国主义和思想道德教育为主要内容，以思想政治理论课、形势政策教育为主渠道，形成以社会实践、校园文化、心理健康教育为途径的大学生思想政治教育格局，打造全过程全方位育人模式，建立大学生思想政治教育的长效机制。

(7) 创新平台载体，实现文明创建全覆盖。

创新学习载体，培育新时代的青年马克思主义者；开展学习型单位建设活动，“青年马克思主义者培养工程”潜移默化地引导广大青年学生自觉成为马克思主义者；创新服务载体，营造服务育人的良好氛围；构建亮标准、亮身份、亮承诺服务体系，创优质服务特色，创师生满意服务；创新志愿服务载体，广泛开展志愿服务活动，提升实践育人实效。强化大学生的自理能力、自立意识、自强精神。

(8) 推广先进文化，加强道德品行修养。

学校应以社会主义核心价值观为核心，以先进的精神文化、制度文化、行为文化和环境文化为载体，推广先进文化；促进师生修德、强能、健体、全面发展；以实施科学教育、文化教育、技能教育、素质教育、精神塑造、品位提升为基础，坚持以人为本、育人为先；坚持与民族文化、地区文化、行业文化相关联；坚持学术氛围与实践氛围相融合，突出技能性、操作性、职业性；坚持全面落实党的教育方针，传承民族优秀文化，为培养社会主义事业合格建设者和可靠接班人提供强大的精神动力。

(9) 打造和谐校园环境，浸润隐性教育。

科学规划校园，优化功能布局，不断提升校园景观品位，建立有利于多向学习交流的公共空间；完善校园安全管理，针对重要活动及节假日，及时做好应对预案，加强安全教育，打造和谐校园。

建设富有职业特色的校园文化，要从硬件建设入手，大力推进文化阵地建设，借助丰富多彩的文化活动鼓舞人、激励人、教育人、塑造人、成就人；从图书馆到实训楼，从办公楼到操场，从道路标识到校园景观，营造浓郁的文化氛围，做到每个空间、每个场所都能发挥育人功能。

(10) 建好用好活动阵地，唱响舆论主旋律。

以马克思主义为指导，牢牢掌握意识形态工作领导权，层层压实思想文化阵地的管理责任，加强对学生社团协会的管理。

# 第三节　文明校园大学生遵循的行为规范

## 一、校园篇

(1) 不着奇装异服，不着装暴露，注意仪表整洁。

(2) 爱护公共财物。

(3) 爱护校园的花草树木，不攀折花木，不践踏草坪。

(4) 不随地吐痰，乱扔杂物。

(5) 遇见老师、同学主动打招呼，进办公室应先敲门或打招呼，经允许后方可入内。

(6) 进入办公室不要随便翻阅他人物品，如需翻阅，应先征得同意。

(7) 不在教学场所、办公区域进行影响师生工作、学习和休息的有声文体娱乐活动。

(8) 遵守校园交通规则，不超载、不超速。

(9) 公共场所男女交往举止文明，行为得体。

(10) 取款、购票、就餐时自觉排队。

(11) 如厕讲究卫生，便完冲洗。

(12) 不在墙壁上乱写乱画、踩踏脚印。

(13) 不在公共场合吸烟。

(14) 接电话时应尽量放低音量，避免大喊大叫。

(15) 言语文明，不说脏话。

## 二、教室篇

(1) 衣着不暴露，不穿背心、短裤、拖鞋进入教室、图书馆等公共场所。

(2) 提前 5～10 分钟到教室，做好上课准备。

(3) 若迟到，应在教室外向老师报告，得到允许后方可进入。

(4) 上课时手机应关闭或置于静音，并放置在指定位置。

(5) 移动桌椅动作要轻，避免发生嘈杂声。

(6) 不在课桌、墙壁及门窗上乱涂乱画。

(7) 保持教室清洁。

(8) 不带食物进入教室。

(9) 不在教室追逐打闹，大声喧哗或播放音乐。

(10) 离开教室时应关灯、关窗、锁门。

## 三、宿舍篇

(1) 不私接乱拉线路，不串联插排，不使用学校禁用的电器。

(2) 离开宿舍时切断所有电源。

(3) 不在宿舍内存放酒精、汽油、鞭炮、烟花、打火机等易燃易爆物品；不存放管制刀具、棍棒等危险物品。

(4) 不在宿舍内吸烟或喝酒，不在宿舍内聚餐，不在宿舍内饲养宠物。

(5) 个人物品摆放整齐，将垃圾分类投放到指定的地点。

(6) 未经同意，不使用其他同学的物品。

(7) 被褥叠放整齐，保持床上整洁，值日生按时扫地和拖地。

(8) 服从管理，主动配合有关人员检查。不留宿外人，不接纳推销人员入内，发现可疑人员要立即询问、报告，确保安全。

(9) 宿舍成员互相关心，互相爱护，互相帮助。

## 四、校内公共场所篇

(1) 借阅图书时不要乱翻乱扔，保持原有摆放顺序，对于阅览室里的书刊，阅后应及时放回原处，不要一人同时占用多本杂志，以免影响他人借阅。

(2) 不在图书、杂志上乱写乱画，更不拆撕书刊。

(3) 谨记借期，及时归还或续借图书馆的图书杂志。

(4) 不要替他人代占座位，也不要强占读者暂时离开的座位。

(5) 节约用水用电，爱护公物，遵守实验室的操作流程，防止发生安全事故。

(6) 参加会议自觉关机或置于静音，随身携带笔记本，做好记录。

(7) 会场内不吃食物，不乱扔杂物。

(8) 会议期间尽量不走动，因故迟到或中途退场动作要轻。

(9) 有序进入(离开)会场，不抢、不挤。

(10) 节约粮食，不铺张浪费，主动开展“光盘行动”。

(11) 自觉排队取餐，餐后将餐具送至回收点。

## 五、校外篇

(1) 遵守交通规则，不闯红灯，不横穿马路；步行走人行道，骑自行车走非机动车道，文明骑行共享单车，有序摆放；不酒后驾车。

(2) 乘车主动购票，主动给老、幼、病、残、孕妇及师长让路、让座，热心主动帮助有需要的人。

(3) 讲究诚信，借人钱物及时归还。

(4) 不虐待动物。

(5) 识别传销陷阱，远离校园贷、套路贷、网贷等。

(6) 不在校外租房，不和社会闲杂人员交朋友。

(7) 不出入营业性酒吧、迪厅。

(8) 不私拆他人的快递或信件。

(9) 尊重他人人格、宗教信仰和民族习惯，不嘲笑讽刺。

(10) 遇见外宾，以礼相待，不卑不亢。

(11) 参观博物馆、纪念馆要遵守秩序，未经同意，不可拍照或触摸设备或展品。

(12) 瞻仰烈士陵墓时要保持肃穆。

## 六、家庭、网络及其他篇

(1) 不对父母大声说话或呵斥父母，对待兄弟姐妹友好。

(2) 主动做家务。

(3) 不参加封建迷信活动和宗教活动，积极参加社会实践活动。

(4) 遵守校园网络的有关规定，不在上课时上网。

(5) 不轻信网络谣言，不在网上传谣，不在网上浏览淫秽色情、暴力等不健康内容，不在网上发表不当言论，不在网上谩骂他人。

(6) 离校要履行请假手续，并告之周围同学；和家人长期有规律性地保持联系。

(7) 手机号码更换后及时告知父母、老师、同学及其他朋友。

(8) 诚信考试，不作弊。

(9) 珍惜学校荣誉，不做有损学校荣誉的事。

## 思考与练习

1. 简述创建文明校园的重要性。
2. 文明礼仪规范教育在创建文明校园中有哪些重要作用？
3. 简述全国文明校园创建的基本原则。
4. 简述全国文明校园创建的主要内容。
5. 谈谈你对大学生文明礼仪规范守则的认识。

# 第六章　新时代大学生践行文明礼仪的核心要素

新时代大学生要树立远大理想，要热爱伟大祖国，要担当时代责任，要勇于砥砺奋斗，要练就过硬本领，要锤炼品德修为。

有理想是新时代大学生练就本领、扛起担当的重要前提。正是在理想信念的鼓舞下，大学生才能不断练就本领、实现自身价值。大学生要将社会主义核心价值观作为行事的基本遵循，理智地认识自我价值与社会价值、国家价值与民族价值之间的辩证关系，在复杂的价值观念碰撞中明辨是非曲直，形成正确的价值标准。

大学生要勤于学习、敏于求知，学会担当社会责任。责任担当的关键在于“做”，在于行动，即在理想信念的支撑下，通过扎实的学习与创新创造，履行新时代大学生的社会责任。

# 第一节　明礼修身厚德

文明礼仪是人们在社会生活中表示平等、友好和尊敬而形成的良好风尚，是人们进行接触、交往、相处的纽带，是人们达到了解、沟通心灵的桥梁，是人们思想品德和情操修养水准的无形名片，是社会关系的黏合剂。文明礼仪是社会主义精神文明建设的重要内容，也是文明校园、和谐社会建设的重要内容。一个注重精神文明建设的社会必然是和谐的社会，必然是礼仪文化水平发展较高的社会。只有践行文明礼仪，个人才能在社会立足和发展，家庭邻里才能和睦相处，单位集体才能团结友爱，国家才能不断进步，社会才能和谐稳定，生活才能更加美好。

新时代大学生践行文明礼仪有利于建设文明校园，推进社会主义精神文明建设与和谐社会的形成。践行文明礼仪包含两个层次的内容：一般层次是指不损害公共利益或他人的利益，如不随地吐痰，不乱丢垃圾，不说脏话，不破坏公共秩序，等等；高级层次是指给人以尊敬、方便和温暖，尊重他人的人格、意愿、情感和权利，如待人礼貌、给人帮助等。

新时代大学生践行文明礼仪需从自身做起，认识自己、改变自己、提高自己、升华自己。

## 一、认识自己

“认识你自己！”是刻在希腊圣城德尔斐神殿上的一句著名箴言，它用一种直截了当的方式告诫世人，要认识人的本质，认识自己的特性和真正价值，增强做人的信心。

### 1. 认识自己的“人性”

作为一个人，首先具有“人性”。这个人性，就是指人的自然属性和社会属性。所谓自然属性，是指人同其他动植物一样，来自于自然，生长于自然，依赖于自然，最后也要遵从自然规律，回归于自然。人有七情六欲、生老病死，譬如其他生物体的喜怒哀乐、盛衰荣枯。人的社会属性则是指人的社会性。人之所以不同于其他动植物，就在于他的社会性。自从有了人类社会以来，社会性就成了人的最为鲜明的特征。人来自于社会，生活于社会，服务于社会，受社会关系、社会制度、道德风尚、文明习惯、文化传承等各方面的影响很深，甚至说是根深蒂固的。特别是，在阶级社会里，人还往往要被打上阶级的烙印。从这些意义上来说，人的本质就是“一切社会关系的总和”(《马克思恩格斯选集》)。不了解自然和社会，就不懂得人性，也就不懂得人。我们应该从自然和社会两个方面来看待问题，既想方设法满足人的自然属性，保持健康的身体和生活，又努力体现其社会属性，养成良好的文明习俗和精神气质。

### 2. 认识自己的“个性”

世界上没有两片完全相同的树叶。同样，世界上也没有两个完全相同的人。每个人都有自己的特点，都是“这一个”或者“那一个”，而非一个模糊不清的抽象物。有的人沉着稳健，有的人热烈奔放；有的人低调务实，有的人高调张扬；有的人爱思考，有的人好简单；等等。人们非但长相不同、经历不同、性格不同，即使是一奶同胞，生长在完全相同的环境中，其最终的命运也会大不一样，这就是人的特殊性，或者叫差异性，即个性。只有充分认识自己的“个性”特点，才算真正了解自己，也才能把握自己，改变自己，展现自己，和自己和谐相处，共生共长，去创造人生的事业，去享受幸福快乐的生活。如果不认识自己的个性，不知道自己的特点，就很容易被欲望牵引，迷失自己，甚至陷入各种困惑之中，做出自相矛盾、匪夷所思的事情，在不经意间损害和糟蹋了生命。

### 3. 认识自己的“可变性”

人，作为一个社会的存在物，还有一个突出特点，就是具有“可变性”。也就是说，人是可塑的。现在的我不是过去的我；今天的他也不是明天的他。无论是身体、长相、知识、经验、情感，还是性格、思想、智慧、眼界、胸怀、事业，都无时无刻不在随着各种实践活动发生着变化，这种变化，既是自然规律和社会规律的体现，也是人生的真正意义所在。

### 4. 认识自己的“不足”

“吾日三省吾身”(《论语·学而》)，则“知明而行无过矣”(《荀子·劝学》)。反思自己要做到每日反思、每周反思、每月反思。通过反思发现不足，及时改正，“勿以恶小而为之，勿以善小而不为”(〔晋〕陈寿《三国志·蜀书·先主传》)。“冰冻三尺，非一日之寒”，每天反思自己，每天改变一点，每天进步一点。反思自己需要直指灵魂深处，需要持之以恒。

只有正视自己、反思自己，才能真正地认识自己，了解自身存在的不文明行为，从而对症下药，改变自己。其实正视自己、反思自己，就是自我认识、自我教育、自我提升的过程，在这一过程中文明礼仪教育会逐步深入心灵，在潜移默化中成为一种自觉行为。正视自己、反思自己的行动就是“随风潜入夜，润物细无声”(〔唐〕杜甫《春夜喜雨》)的春风化雨，这样更能渗透人心，影响更为深远。

## 二、改变自己

荀子说：“不闻不若闻之，闻之不若见之，见之不若知之，知之不若行之。”要想真正改变自己，必须落实到行动中。歌德说过：“一个人怎样才能认识自己呢？绝不是通过思考，而是通过实践。”改变自己应从小事做起。“一屋不扫，何以扫天下”，整个社会的文明是由无数的个体文明组合而成的。

社会的文明礼仪是一个大机器，个人的文明礼仪就是这个机器上的一个零部件。我们可能不会成为其中最主要最关键的部件，但可以在自己的位置上做得更好，可以塑造出最适合这个机器的优秀零件。作为新时代的大学生，首先应做到尊敬老师，善待同学，严于律己，宽以待人。见到老师一声“您好”，见到同学一声“你好”；做错事时一声“对不起”，获得帮助时一声“谢谢您”；俯身捡起一张纸，蹲下铲除一块口香糖；微笑面对他人，真诚关爱他人，真心帮助他人；“送人玫瑰，手有余香”，对他人文明，自己心灵也会愉悦。温文尔雅的言语，宽容大度的胸怀，彬彬有礼的行为，如丝丝涓流，融会在一起就会构成和谐文明的校园环境。

践行文明礼仪需要学习和领悟。孔子特别强调学习对文明礼仪的重要性，他曾说：“不学礼，无以立”。而读书是学礼仪的常用方法。“君子博学于文，约之以礼”(《论语·雍也》)，只有读书才能知道礼仪，并且用礼仪自觉规范自己的行为。高尔基说：“要热爱书，它会使你的生活轻松，它会友爱地帮助你了解纷繁复杂的思想、情感和事件，它会教导你尊重别人和你自己，它以热爱世界、热爱人类的情感来鼓舞智慧和美化心灵。”读书可以使人懂得事理，使人陶冶情操，使人儒雅善良。文明礼仪不仅要从书本中学，还要注意入门问讳，入乡问俗。

领悟是践行文明礼仪的法宝。礼仪不是背出来的，不是装腔作势，要做到文明礼仪，就要学会领悟。首先，要领悟真诚自然。只有真诚，礼仪才能自然而然地表现出来。当你诚心去展现自己的礼仪时，你会发现自己的身心是健康的、愉悦的，而他人也必然被你的真诚所感染。其次，要领悟一些细节。在言行中要流露出对他人的尊重，称呼上要注意，说话方式上要谨慎，用餐出行等行为都要处处留心。也许把“你”字改称“您”字并不费事，但在对方听来却有着极大的差异；也许乐于表露个人的观点会让对方认为你是有思想的表现，但要是不先听对方的意见就侃侃而谈，恐怕对方会认为自己很不受尊重；也许用餐时放开肚子吃个尽兴能表示对厨师的认可，但若没有注意吃相甚至不等主人请让就大快朵颐，则会令主人和其他宾客大倒胃口。这些细节看似很小，但在日常生活中如果不多加领悟，就不能算是一个懂礼仪的文明人。

通过学习和领悟，可发现自身的不足，进而改变自己的缺点乃至错误，达到完善自我的目的。文明礼仪教育重在践行，新时代大学生的礼仪教育要落到实处，必须坚持以礼导行。

## 三、提高自己

(1) 文明礼仪是博爱行为，“博爱”行为是一种彼此间相互学习、共同进步的自然体现。

践行文明礼仪，要拥有爱心，热爱生活，热爱社会。通过对小爱、大爱、自爱、仁爱、博爱的体味与实践才能领悟到爱人如己、博爱无疆的真正涵义。儒贝尔说：“礼仪是博爱的花朵，不讲礼仪的人谈不上有博爱的思想。”一个人只有具有强烈的爱心，爱祖国和人民，爱亲人和朋友，爱自己的职业，爱美好的大自然，才会真心实意地礼待他人。像劳动模范李素丽，之所以能热情对待每一位乘客，彬彬有礼，服务周到，主要源于她灵魂深处爱岗敬业的价值观。

(2) 在践行文明礼仪中，既要有博爱情怀，又要有自律意识，努力做到“慎独”。

“慎独”一词最早见于《礼记·中庸》：“莫见乎隐，莫显乎微，故君子慎其独也。”意思是说，君子就是在单独活动和无人监督的情况下，也谨慎地按照道德原则和道德规范去做，不放纵胡为。当一个人独处时，能否严格按照道德规范要求去做，是不能靠外力强迫的，只能依靠个人内在的力量，即依靠“慎独”。“慎独”作为自我修养的一种境界，使人永远有追求，永远有理想。

“慎独”精神的基本要求就是人们要谨慎地对待自己的言行，在任何时候、处于任何情况下都不逾越法律和文明道德规范的要求。在日常学习生活中要从细节上对各方面进行自律，做到慎微、慎言、慎辨、慎行、慎隐。

① 慎微。

慎微是“慎独”的根本落脚点。“轻者重之端，小者大之源，故堤溃蚁孔，气泄针芒。是以明者慎微，智者识几。”（〔南朝宋〕范晔《后汉书》）恶是一个由小到大，从量变到质变的渐进过程，在微小或萌芽状态时最容易得到纠正，但也往往最容易被忽视，人们容易在“问题不大”中失去警惕，最终酿成大错，这就要求新时代大学生坚持“勿以善小而不为，勿以恶小而为之”的道德信条，自纠“小恶”，勤为“小善”。

② 慎言。

“白圭之玷，尚可磨也；斯言之玷，不可为也”（《诗经·大雅·抑》），就是说，白玉之瑕还较容易磨去，但言语若有错误却很难把它收回。一言可以兴邦，一言亦可以丧邦，言语不可不慎。同学之间所发生的冲突和伤害事件，大多是由出言不逊造成的；个别学生在网络上发表一些不负责任的言论，上网聊天时信口开河，甚至恶意传播谣言，极易造成不良影响或产生严重的后果。这就需要大学生尊崇文明语言规范，做到文明上网、文明用语。

③ 慎辨。

辨，即辨析。“聪必历于声而始辨，明必择于色而始晰，心必出于思而得之，不思则不得也。”（〔清〕王夫之《读四书大全说·论语·季氏篇》）意思是，人们在进行自身道德修养的过程中，决不能轻信盲从，必须对所为之事谨慎思考和辨析，才会有所收获。信息时代的人们被各种各样的信息所包围，既有真实的资讯，又有虚假的信息，这就需要我们不断增强是非判断能力和美丑鉴别能力，自觉抵御不良信息的诱惑，在内心深处筑起一道坚固的防线，增强自我教育的自觉性和防腐拒变的警惕性。

④ 慎行。

如果一个人失去了文明道德的约束，就会做出一些危害他人、危害社会的事情。有时行为主体具有很强的隐蔽性，越是这样越要保持节操，不能放松对自己的文明道德要求，更不能肆意妄为。要时刻意识到自己的不当行为可能对他人、对自己造成的危害，自觉遵守不同领域、不同层面的道德要求，自觉遵守公共道德规范，依靠道德修养来调控自己的行为，达到“慎独”的道德境界。尤其在独处时，更要三思而后行，树立自身文明形象。

⑤ 慎隐。

慎隐是“慎独”的最高境界。慎隐指在独处、无人监督、有机会做坏事而不会被人发觉的情况下，严格自律，不做出格的事。宋朝的朱熹说：“君子慎其独，非特显明之处是如此，虽至微至隐，人所不知之地，亦常慎之。”做到“慎隐”是非常不容易的，其原因就在于，道德是通过社会舆论监督和内心信念发挥社会作用的。但社会舆论监督只在人们思想和行为是公开的情况下才能起到作用，而对某些“不睹”“不闻”“莫显”“莫见”的思想和行为，往往因为其自身隐蔽性的特点而鞭长莫及。很多情形下，要真正做到“慎隐”，关键是靠个人坚定的信念和顽强的意志。

## 四、升华自己

“知行合一”是中华灿烂文化中一笔宝贵的精神财富，是一种良好的道德理论，它有助于提升每个人的自身文明道德认知，帮助其内化文明道德认知理论，真正做到内心的认可并付诸于实际行动。

文明道德只有内化于心，方能明事理。大学生要强化自身真知真行的自我认知能力，在践行文明礼仪的过程中，要认识到自己的主体地位，注重从内心的“良知”出发，将文明礼仪知识内化于心，在心理上认同文明礼仪原则和规范，在自身与文明礼仪环境的双重交互影响下，明觉良知，熟稔于心，以达到规范完善自我文明道德品质的目的。

文明道德只有外化于行，方能起作用。凡事不能只停留在口头上、言语上，这其中一定要有生命的体验和感受，每个人都要把知识经过生命齿轮的碾压与整合，将其体现出来，这个过程便是知行的磨炼过程。我们要慎思之，笃行之，勤于思索，善于思考，并注重逻辑思维能力的培养；我们要善于尝试、勇于尝试，将自己的想法付诸实践，在实践中不断求索真知，不断提高解决问题的能力。

要践行高层次的文明礼仪，需从以下六个方面入手。

### 1. 以爱为基

仁爱是中华民族传统美德中最基本的核心价值理念、道德精神和行为规范，包含孝悌、爱众、忠恕、宽厚等。把爱作为价值取向的基础，做到爱祖国、爱家人、爱伙伴、爱自然、爱公物、爱集体、爱生命等，以此将社会主义核心价值观中的“爱国、和谐”等要求真正落到实处。

### 2. 以善为先

《论语·述而》云：“择其善者而从之，其不善者而改之。”人类关于善的本质、关于善行的认识，具有悠久的历史。从我做起、礼让三分、恪守公德、尊重礼俗、平和友善等，将社会主义核心价值观的“友善、平等、公正”等目标取向融入其中，将善言、善行具体化、行为化，达到“勿以恶小而为之，勿以善小而不为”的道德境界。

### 3. 以诚为本

《礼记·中庸》云：“诚者，天之道也；诚之者，人之道也。”诚是维系人类关系的重要道德规范，是中国传统文化的精神内核。社会主义核心价值观将诚信作为公民层面的价值准则，旨在引导民众铸造以信立身、以诚处世的品格，营造良好的发展环境，凝聚国家前行最磅礴的力量。耐心倾听、有借有还、践行承诺、准时守时等都是诚信的基本要求。更为重要的是，所有文明礼仪并非形式上的敷衍、铺排，而是“诚于中，形于外”(《礼记·大学》)，是知情意行相统一的真诚言行、自然举止。

### 4. 以勤为根

《左传》云：“民生在勤，勤则不匮。”勤为根本、勤为品质是中国传统文化对勤的最好注释。勤是中国人最为推崇的美德。凿壁偷光、囊萤映雪、悬梁刺股、韦编三绝等是古人勤学的佳话。敬业是社会主义核心价值观中倡导的职业品质，是实现国家“富强”价值目标的个人从业准则，是勤的永恒要求。

### 5. 以俭为重

《墨子·辞过》云：“俭节则昌，淫佚则亡。”昭示出中国传统文化非常重视节俭。“历览前贤国与家，成由勤俭败由奢”(〔唐〕李商隐《咏史》)，这是人们应遵从的美德。做俭约、朴素、自律之人，是节俭的要求，也是社会主义核心价值观中文明的题中之义。

### 6. 以美为核

坚持从我做起，在日常生活中注重文明礼仪，陶冶和塑造美的心灵、美的人格、美的形体、美的行为。文明礼仪是一种具有潜在约束力的道德力量，潜移默化地熏陶着人们的心灵，引导着人们的行为，调节着人际间的交往。当每个社会成员都努力学习和践行文明礼仪时，一个文明和谐的社会就将建成。

## 第二节 刻苦学习有本领

学习上的落后，是最大的落后、最根本的落后。未来社会唯一可持续的竞争优势就是学习能力。刻苦学习是人一生应该具备的品德。大学生时代，是为自己一生的思想、文化等财富打基础的关键阶段，新时代大学生必须刻苦学习。做学问、练技能、去吃苦，这是青年时期最基础的三件事。学问的高低，其实就是人生境界的高低。学习，其实就是一个漫长的、执着的、刻苦的过程，在这个阶段，成绩好，读书多，将来做事情的基础就越扎实。大学生学习时必须刻苦，刻苦，再刻苦。

刻苦学习是青年学生进步的重要阶梯。对于青年学生来说，第一要务就是学习，要倍加珍惜大好时光，集中精力、心无旁骛、刻苦钻研，为毕业后自我生存、报效祖国夯实基础。新时代大学生要深入学习马克思主义的基本理论、基本观点、基本方略，尤其是习近平新时代中国特色社会主义思想，要努力掌握现代科学文化知识，不断汲取反映当代世界发展的各类新知识，更好地适应社会主义现代化建设的新需求。

只有深入实践，才能增长才干。新时代大学生将书本知识与实践经验结合起来，有利于从实践中汲取营养、检验知识、丰富阅历。只有深入实践，才能了解国情。新时代大学生的学习锻炼，有利于深刻了解国情民情，增进同人民群众的血肉联系，把成长的根深深植入祖国的沃土。只有深入实践，才能锤炼意志。百折不挠的意志、顽强拼搏的精神、宽广包容的胸怀、乐观向上的心态，需要经历实践的磨炼才能形成。

### 一、端正学习态度

大学生的学习态度是指对老师、课堂教学、所学专业、专业教材、考试以及课余时间各项学习活动所形成的日常行为、情感体验、认知水平等内在心理倾向的集合。

曾在社会上风靡一时的“学习是快乐的，让孩子们幸福地学习”的观点，误导了许多学生和家长。实事求是地讲，学习的结果是快乐的、诱人的、幸福的，但学习的过程永远是辛苦的。革命导师马克思早在一百多年前就告诉大家：“在科学上没有平坦的大道，只有不畏辛苦沿着陡峭山路攀登的人，才有希望达到光辉的顶点。”大学生不同于中学生，不仅仅是年龄上的差异，还有学习时间相对宽松，学习方法相对多样，学习约束相对自由，更重要的是大学生的世界观、人生观、价值观进一步形成并逐步成型。这里需要提醒的是，人生的这个阶段既不要自以为是，也不要被社会上所谓的教育名人所迷惑。

### 1. 端正的学习态度会促使人们形成正确理性的学习习惯

端正的学习态度会促使大学生形成正确理性的学习习惯，如课前预习、课后复习、按时上课、课堂认真听讲、积极参与讨论等。反之，消极懈怠的学习态度会削弱他们的学习热情与积极性，如逃课早退、上课玩手机或打瞌睡、沉迷网络游戏等，以至于有的学生存在考试作弊的严重失信行为。这些带有侥幸心理的学生不仅难以有效承担以后工作生活过程中遇到的现实压力，还会给大学校园的学习氛围带来消极影响。

### 2. 端正的学习态度会促使人们形成意志坚定的行为习惯

通常来讲，意志坚定的人都会具备很强的意志力与抗挫折能力，当遇到某种打击或挫折时，能够在较短时间内摆脱心理困扰，并在巨大压力之下化解困局，最终获得更强的信心与成就感。教育学领域的实践已证明，大学生的学习态度直接影响其对待学习困境与学习压力的水平。只要大学生具备端正的学习态度，在学习过程中遇到各种难题时就不会退缩，反而会表现出刻苦努力、意志坚定、锲而不舍地追求学习成就感的挑战精神与学习态度。反之，消极懈怠的学习态度会使大学生在困难面前表现出退缩认输的心态，甚至是一蹶不振或丧失继续学习的信心与热情。

### 3. 端正的学习态度会促使人们在以后的工作生活中形成良好的工作习惯与生活习惯

古今中外先贤事迹已经证明，学习态度是最重要的人生态度。端正的学习态度不仅能够使人拥有持续学习的毅力，还会增强人们生活、工作的信心与热情。大学生第一要务就是学习，即使毕业后步入工作岗位，也需要不断学习工作岗位所需的各种新知识、新技术。终身学习理应成为大学生的工作信念与人生格言。这就需要大学生在校期间形成端正的学习态度，进而获得持久学习的动力并保持工作生活的核心竞争力。学习态度对大学生成人成才具有基础性价值，对以后的工作生活也会产生不容忽视的促进作用。

正确学习态度的形成，不仅需要自己改变错误的学习认知，端正学习目的，还需要大学生掌握科学合理的学习方法。观念加行动的双重改变可以促使他们形成正确的学习态度，提高学习兴趣，更加积极主动地投入学习，进而收到良好的学习效果。

## 二、探究学习方法

学习方法对学生的学习效果会产生直接的影响，科学的学习方法有助于学习效率的提高。学习方法科学的学生一般有明确的学习目标和计划，他们会自觉主动地学习，在学习中所走的弯路较少，甚至不走弯路，在一定时间内取得的学习效果更好。科学的学习方法不仅能够提高学习效率，还有利于提高学习质量。科学的学习方法在知识的记忆和理解上、在利用知识分析问题和解决问题的实际能力上，都有极大的推动和促进作用。要掌握科学的学习方法，需要学校、教师和自己的共同努力。

大学生的学习方法有很多，如回忆法、讨论法等。由于每个人的习惯、思维方式、性格、气质、意志品德等具体条件各不相同，因此学习方法也不同。要结合自身特点选择学习方法，对别人的经验要创造性地加以吸收。

实践证明，学业的成败一方面在于勤奋和刻苦，另一方面在于是否会学习，只有运用正确的学习方法，才能更好地发挥智慧和才能，才能事半功倍。

### 1. 学习目标明确

大学生必须要学习态度端正、目的明确，有积极向上的学习动机，能制订出适合自己的整体学习目标，有了学习目标就有了前进的方向。给自己订立目标时一定要具体，符合实际，切实可行。学习虽有乐趣，但它毕竟是一项艰苦的劳动，就好比爬山，不能一步登顶，只有一步一个脚印踏踏实实地勤奋学习，加上坚持不懈的精神和勇于担当责任的决心，才能实现自己的目标。

### 2. 学习计划合理

大学生要想学习轻松、有条理，就要自觉制订切实可行的学习计划并坚持执行。如一个学期、一个月、一周甚至一天的安排等。制订学习计划要根据自己的学习情况、适应程度来安排内容；制订学习计划要遵循符合实际、切实可行、不断总结、适当调整的原则。

### 3. 学习时间有序

大学期间，学生自己可支配的时间很多，科学地安排好学习时间对成就学业十分重要。要学会合理安排自己的时间，充分利用时间，做时间的主人，提高学习效率。

#### 4. 课堂学习高效

正确的课堂学习方法就是课前主动预习新知识，课中认真听讲、做笔记，课后及时复习所学知识。课前预习可帮助学生了解本节课的教学内容，发现自己不懂的知识点，这样学生在课堂上的学习就有针对性，有助于提高课堂学习效率。课堂上认真听讲能使学生紧跟老师的思维和进度，全身心地投入课堂中；做好听课笔记有利于系统地把握教师的讲授内容，有利于掌握本节内容的重难点。课后及时复习能够加深对所学知识的记忆，巩固对所学知识的理解。

#### 5. 思考和实践结合

学习不能浮光掠影、不求甚解，要学会思考、善于思考，将所学知识变成自己的财富。一方面需要深入思考，另一方面需要将思考与实践相结合，注重实践能力的培养，善于利用各种条件和手段，如实验、实习、科研活动等专业性训练来丰富拓展自己的实践动手能力。

## 三、练就吃苦能力

学习是苦差事，必须树立自觉学习意识。大学生应尽量扩大自己的知识量和信息量，善于鉴别和分析繁杂零乱的信息，并适当借助家庭、老师、同学、社会组织等外界力量，明确学习意义，把握学习方向。确立学习自觉意识并不是一朝一夕之事，大学时代形成的对世界、对社会、对人生的观察方式和思考角度，对大学生的未来具有决定性意义。

学习是苦差事，需要学会自主学习。学会自学，是新时代大学生必须掌握的技能，也是为将来适应社会、走进社会需要打好的基础。在没有外界监督的情况下，自己仍然能够坚持学习，这是学习的浅层自觉，它只能说明学生是初步适应了大学的学习生活。深层自觉是对学习的性质、意义、可能的结果与自己的兴趣、特长、事业发展的关系具有客观、清醒的认识后的自我学习。大学生的学习自觉是一种集知、情、意于一体的心理状态，具有内在性、持续性和一贯性，犹如学习生活的精神支柱，给大学生的学习以明确的方向和坚定的信念。

学习是苦差事，需要持久的恒心和顽强的毅力。科学道路上没有平坦的大道，科学知识的发展日新月异，最重要的一个特征就是知识的更新比以往任何时候都来得迅速，新的知识不断地产生，旧的知识不断地被更替。新时代大学生应该具备学习持久性，只有不断努力地学习，才能具备良好的适应性。正如《学会生存》一书的作者埃德加·富尔在给联合国教科文组织呈送的报告中所说："唯有全面的终身教育才能使你避免因知识落伍而失去晋升或被淘汰的厄运，有利于新工作的变动，弥补你知识上的不足，使你获得事业上的成功。"

# 第三节　体育文明育英才

高校体育既是高校教育的重要组成部分，又是精神文明建设的重要内容与手段。体育精神的培养，主要是竞争精神、意志精神、协作精神和遵纪守法精神的培养。通过体育精神的培养，增强学生的竞争意识，激发其进取心，提高其克服困难的信心和勇气，培养其集体协作精神和遵纪守法的品德。培养学生的体育精神，旨在造就全面发展人才，使学生确立正确的人生态度和养成优秀的品格。体育所崇尚的追求进步、勇攀高峰、公平竞争、崇尚法治、规则至上、克服困难、勇往直前、团结合作、和谐共融的文化价值理念，在践行社会主义核心价值体系中发挥着独特的精神文化作用。

## 一、加强体育锻炼，拥有健康体魄

学生时期是身心健康和身体素质发展的关键时期。“健康第一”的思想已成为我国政府在制定《基础教育改革纲要》时的重要理念之一，并将其放在非常重要的地位。为了贯彻落实健康第一的指导思想，促进学生积极参加体育锻炼，养成良好的锻炼习惯，提高体质健康水平，经国务院批准，国家体育总局制定了《国家体育锻炼标准》，鼓励和推动人民群众，特别是青少年、儿童积极参加体育锻炼，以增强体质，提高运动技术水平，培养共产主义道德品质，更好地为社会主义现代化建设服务。

### 1. 树立终身锻炼的体育意识

大学生的体育意识是指他们对体育的认识和理解，主要包括理解体育运动的意义和作用，具有参与体育活动的欲望和要求等。

大学阶段是对大学生进行体育锻炼的巩固时期，也是实施终身体育锻炼的基本环节。从终身体育锻炼看，体育不仅要解决大学生的体育教育问题，而且要解决其将来的发展和延续问题。大学生对体育的兴趣、爱好、习惯，在体育活动中发挥着重要作用。实施终身体育锻炼的关键是要培养大学生锻炼身体的兴趣，养成习惯，持之以恒。大学生需要掌握体育理论知识，需要掌握一定的体育技能。大学生参加体育活动的兴趣、爱好和习惯的形成，是培养其终身体育锻炼的基础，把体育教学与培养大学生的兴趣、习惯和能力结合起来，树立终身体育锻炼的意识。

#### 2. 提高体育活动的能力

高校在体育教学中要注重提高大学生的体育能力，提高大学生的身体素质。人的身体素质是逐步形成和提高的，在教学中，大学生进行的体育活动越科学，掌握的体育理论越丰富，其体育能力的发展就越全面；对学生体育能力的训练越系统，学生体育能力的提升空间就越大。现代大学体育教学对大学生体育能力的培养主要包括身体锻炼能力、运动能力、组织管理能力、开拓创新能力、运用体育环境和条件的能力以及保健能力等。

#### 3. 培养对体育的兴趣

培养学生参加体育锻炼的兴趣、爱好与习惯，不仅要求在体育课中进行体育教育，还应课内外相结合，校内外相配合共同实现。

#### 4. 努力塑造强健的体魄

增强体质，增进健康，努力塑造强健的体魄，是大学生接受体育教育的直接目标和首要任务，是新时代对合格人才的基本要求。

(1) 大学阶段是塑造强健体魄的关键时期。

大学生正处在青年期，是生命活动最旺盛、身心健康加速发展的关键时期。在此关键时期，必须十分重视通过科学的身体锻炼过程来促进和完成自身正常生长发育，全面发展身体形态、机能，努力提高身体素质和基本活动能力，增强对疾病的抵抗力和对环境的适应能力，力求塑造强健的体魄。

(2) 大学阶段要认真接受体育教育。

大学生主动积极地学习和掌握体育运动的基本技术、基本技能，获得参与运动实践的本领和掌握身体锻炼的科学方法，这是一个参与运动、掌握技术、发展智力、增强体力的综合过程。大学生要树立正确的体育意识，提高体育的基本能力，培养体育的兴趣和习惯，在潜移默化的体育锻炼中，通过教师的引导和自身的主动参与达到强身健体，从而使自己受益终身。

## 二、践行体育文明，促进全面发展

以体育的方式表达和传递人文价值与理想，促进交流与沟通，是人类文明最伟大的创举之一。体育是文明的体现，体育文明特别是在体育精神、体育文化的培植期不仅需要塑造与传播，而且更需要践行。

#### 1. 弘扬体育文明的卓越精神

体育不仅仅是一种身体运动，还是一种生活方式、一种教育手段、一种精神载体，是培养健康体魄、塑造健全人格、促进人的全面发展的有效途径。体育中所包含的健康、向上、积极、丰富的价值理念与社会主义精神文明建设的要求是一致的。在体育精神的内涵中，除了更高更快更强的追求，更体现出对生命的认可和敬意。更文明，才能更精彩。大学生正是形成世界观、人生观、价值观的重要时期，体育教育中培养树立共产主义世界观、人生观、价值观的途径之一是要从树立正确的体育观入手。

在和平、稳定、优越的社会环境中，通过体育精神培养，有助于大学生树立崇高的人生观和体育观，有助于养成主动进行体育锻炼的习惯，树立终身体育的思想。大学生以强健的体魄、完美的精神品质走向社会成为全面发展的社会主义建设者和接班人，就是体育精神培养对于精神文明建设和物质文明建设的深远意义所在。

### 2. 培养和造就人才的全面发展

造就全面发展的人的思想，是奥林匹克传统观念的精髓和真谛，也是现代体育运动的核心所在。《奥林匹克宪章》中提出："奥林匹克主义是将身心和精神方面的各种品质均衡地结合起来，并使之得到提高的一种人生哲学。"体育运动的直接效果是增强体质、健康体魄，通过体育精神培养而造就全面发展的人才是学校体育教育的主要目标。体育锻炼和体育运动，是加强爱国主义和集体主义教育、磨炼坚强意志、培养良好品德的重要途径，是促进大学生全面发展的重要方式，对大学生思想品德、智力发育、审美素养的形成都有着不可替代的重要作用。

### 3. 培育和塑造优秀的民族性格

新时代我们要继承和发扬伟大的民族精神，朝着实现中华民族伟大复兴中国梦的宏伟目标奋力前进。

早在 20 世纪初，我国许多优秀知识分子就提出了通过教育与体育培养人的精神品质，进而改造民族性格的思想。鲁迅先生一生致力中华民族性格的研究，他十分注重启蒙人们内在的精神之力，主张"健全的肉体寓于健全的精神"，称赞"那种明知自己跑在最后却咬牙跑到终点的运动员才是中国的脊梁"。

体育能陶冶情操，铸造人的精神品质，提高人的审美意识。强健的体魄、全面的体能、顽强的意志、良好的心理素质、强烈的竞争意识，是新时代培养具有综合素质、合格人才的必然要求，也是践行社会主义核心价值观的有效途径，更是塑造新时代百折不挠、刚毅果敢的优秀民族性格的重要途径。

# 第四节　情操高尚塑造美

真、善、美是大学生健全人格的追求目标。美育以其独有的教育特点，成为完善大学生人格的必要手段。美育有助于大学生以积极的态度面对世界，实现人生价值；美育有助于大学生在美的感知中，体现出人格的“美”。美育以“润物细无声”的方式，对人发挥着潜移默化的教育，将大学生带入一个超越功利的审美境界，在这种境界中，大学生身心得到协调发展。

## 一、以美育德塑造健全人格

蔡元培先生曾说：“教育者，养成人格之事业也。”人格不仅是由生物遗传因素和社会环境因素决定的，更为重要的是后天教育因素的影响。

### 1. 提高大学生的道德修养

美育可以提升大学生的道德修养。爱因斯坦曾说：“一个人的价值，在于他贡献了什么，而不在于他能得到什么。”一个人是否具有道德，不仅要从不乱抛垃圾、扶老人过马路等日常行为评判，还要从他是否能实现良好的自我发展、为社会作出贡献进行判断。如果说德育能通过理性教育对人们的日常行为进行规范，那么美育能使人进入更高的审美境界，从而树立崇高的人生理想，正确处理利己与利他的关系。美是人与生俱来的向往，学生通过对美的深刻体验从而产生了道德的行为。正如席勒所阐述的那样，“从感觉的受动状态到思维和意志的能动状态的转变，只有审美自由的中间状态才能完成。”

### 2. 塑造大学生的健全人格

人格在心理学上即“个性”，也指人的道德品质。大学生的健全人格，即人格的生理、心理、道德、社会各要素完美地统一、平衡、协调，都能和谐一致地得到发展，具体体现在能够正确客观地认识自我、他人和社会，具有积极向上的人生目标，有责任感和创造力等。

美能导真。柏拉图说：“美不仅是悦人的幻想，而且是达到真理的必由之路。”人在创造美的过程中不断接触到真，最终内化为人格的“真”。美能储善。康德说：“美是道德上善的象征。”

## 二、以美启智提高创新能力

创新是人类社会发展的不竭动力。在经济一体化、信息全球化的今天，创新已成为国家发展和人才培养的必然要求、紧迫任务。

### 1．开发大学生的智力水平

美育能在一定程度上开发学生右脑，协调大脑均衡发展，开发大学生智力水平。美国心理生物学家罗杰·斯佩利(Roger Sperry)博士通过其著名的裂脑实验，证明人的左右半脑思维方式是截然不同的，左脑是抽象思维，右脑是形象思维，人的左右两个半脑密切配合，共同完成各种复杂的创造活动。

美育能为大学生带来丰富的形象信息，并提供多种感觉通道。比如，一个人如果长期接受音乐的熏陶，那么他就能调动不同的脑区域进行协同加工，最终能促进左右半脑的协同合作，提高智力。

### 2．提高大学生的创新能力

美育通过激发人的直觉灵感，增长知识，提高创新能力。蔡元培先生曾指出，常能看到专治科学而不涉猎美术的人。爱因斯坦曾说：“我的科学成就有很多是从音乐启发出来的。”他认为自己在物理领域取得的杰出成就，不仅是抽象思维的逻辑推导和论证，还得益于从优美的音乐中焕发出来的创造灵感和激情。

美育对于培养大学生敏锐的直觉、丰富的想象力和精妙的灵感有特殊作用。想象力、灵感、直觉等非理性因素是创新的关键因素。大学生在进行审美活动时应该借助于想象才能更深刻地体会到蕴含在事物中的美。想象力的运用更易于他们拓展思考问题的思路，从而提高创新能力。如果一个人具备较高的审美修养，就会对美产生敏锐的直觉和灵感，更容易迸发出新的想法和理念。美育能开阔人的眼界，增长见识。恩格斯曾高度评价巴尔扎克的小说《人间喜剧》，认为通过阅读巴尔扎克在小说中的详尽描写，对于法国1816—1848年的现实社会情况，要比从各类学者那里学到的都多。

美育能够充分锻炼一个人的非理性思维能力。在美育教学中，要给予大学生发挥想象力的空间，引导他们对美的规律的理解和洞察力，这样更有利于激发他们的创新能力。

## 三、以美健体实现美好人生

美育有利于促进大学生的身心健康，让他们在进入社会后能以更加积极的态度面对困难，更好地适应社会，树立崇高理想，实现美好人生。

### 1. 促进大学生的身心健康

有医学研究表明，愉悦的心情可以加强人体自身的免疫力，维持身体健康。美能引起人们情感上的共鸣，美育能对人们进行情感疏导，使人的情感得到释放。比如舞蹈疗法就能够有效缓解身体的一般疼痛，舞蹈会刺激人体分泌内啡肽，而内啡肽就是镇痛药的一种重要成分。再比如，音乐治疗可以促进偏瘫患者的恢复。治疗师通过音乐的节奏控制调整训练患者走路的节奏和步伐，久而久之，偏瘫部分的肌肉控制能力就会得到快速恢复。

### 2. 培养大学生积极的态度

美育能够促使大学生审视自身，了解自身需要，认清由物质满足而带来的只是最基本的幸福。美育能使人们形成健康的人生态度。一个人能长期在美的环境中熏陶，可以转移他对烦琐生活的注意力，大大增强其心理调适能力。美育能培养人们健康的审美态度，有助于其勇于克服生活中的困难，不断将美的反面转化为美，对待人生更具有耐心、毅力、坚强的意志。美育能够促使大学生用美的技法面对生活，保持健康的体魄和年轻的状态，以积极乐观的态度去生活。

## 四、以美辅劳提升职业技能

美育能够促进人们形成正确的工作态度和价值标准。大学生作为劳动者，除了具备欣赏美的能力外，更重要的是还要具备在工作中创造美的能力。即在劳动与生产过程中，为社会提供自己的审美认知与理解，并将这种认知与理解转化到具体的具有高度审美价值的物质形态(如劳动产品)上。

### 1. 激发大学生的工作热情

美育能使人们以更好的心态去面对所处的环境。如果面对现实生活，能把工作当成兴趣，而不是把兴趣变成工作，那么更有利于维持人们对工作的热情。一旦人们不再把劳动仅当作谋生的手段，而是当作成长的必经阶段，是实现人生价值的途径，他就能从自己的工作中获得深刻的情感上的满足，这种满足感同获得劳动成果的喜悦联系在一起，更容易使人们产生工作热情。

美育有助于形成良好的人际关系氛围，提高工作效率。人们在日常工作中与他人相处时有礼貌、懂谦让，易于形成团结友爱的集体。在这样美的工作环境中，大家能畅快沟通、互相帮助，工作的积极性和效率都会得到一定程度提高。

### 2．提高大学生的工作技能

美育能提高劳动者的审美素质，使其在生产劳动过程中发挥积极作用。“全民皆设计”观念的产生，就是我国美育极度缺乏的后果。有些人拿着别人设计的图稿照猫画虎，仿制出仅能满足自己喜好的产品。而更为可怕的是，有更多人看不出原创和仿制的区别，原创产品应该具有和谐、完整、优美的结构和形式，让人们在观赏、使用、接触它时，产生舒畅愉悦的审美感受，这些都需要专业技能的积累和对美的把握才能做到。即使是具有扎实专业技能的大学生，如果在工作上不具备相应的创造美、展现美的能力，不能将审美文化有机地契合在现实的生产劳动、经济活动中，那么他的竞争优势会大打折扣。

# 第五节 劳动光荣创伟业

劳动教育是指劳动主体以科学指导为基础，通过一定的教育手段和实验、实训、社会实践等途径逐步形成对待劳动的科学认识、情感、信念、态度、理想等的活动过程。高职教育的性质与培养目标，不仅决定了高职院校在具体的教育实践过程中要着力加强学生的职业技能和职业道德教育，还内在地包含了要重视学生劳动教育的培养和劳动习惯的养成、劳动技能的完善。劳动素质作为大学生综合素质的一项重要内容，其目的是通过学生的劳动实践，使其形成正确的劳动观念，养成良好的劳动习惯，掌握现代生产的基本原理和生产技能。

## 一、劳动教育是实施德育教育的有效方式

劳动教育是高校实施德育教育、实现人才培养目标的有效方式。《中共中央、国务院关于深化教育改革全面推进素质教育的决定》指出："学校教育不仅要抓好智育，更要重视德育、美育、劳动教育和社会实践。"强调在高校学生中进行劳动教育，是素质教育的重要内容之一。劳动教育作为素质教育的基础，是对大学生进行思想政治教育的必要切入点和德育载体。通过劳动这个载体对大学生进行思想政治教育，比起单纯的说教，其效果要好得多。强化劳动素质教育，不仅是对我国"教育与生产劳动相结合"优良传统的继承，也是落实党的教育方针的必然要求。

马克思说："生产劳动同智育和体育结合，它不仅是提高社会生产力的一种方法，而且是造就全面发展的人的唯一方法。"劳动教育作为高校德育的重要内容，让社会主义劳动观教育进课堂，是培养学生养成良好的劳动习惯和正确的劳动态度，教会其学会认知、学会做事、学会共处、学会生存的重要举措；是培养新时代大学生集体主义精神，弘扬艰苦奋斗的优良传统，树立正确的世界观、人生观和价值观的客观需要。

## 二、劳动教育是学生健康成长的内在需要

劳动不仅改造着客观世界，而且改造着人们的主观世界。人类一切美好、高尚品德的形成，都直接或间接地同劳动相联系。劳动不仅可以开发、提高人

的智力，锻炼强健的体魄，夯实做人的精神基础，而且可以培养和造就人的优秀品质，形成相应的责任心和创造性。高等教育不仅要提倡以劳辅德、以劳益智、以劳促美、以劳健体，教育新时代大学生成为一个身心健康的高素质人才，更要对其进行劳动教育，培养劳动意识。正如苏联教育家乌申斯基所说："劳动是一个人在体格、智慧和道德上臻于完善的源泉。"

劳动的过程是一个不断学习和提高的过程，也是一个人不断改正缺点、纠正错误的过程。在劳动的过程中，人们能够深深体会到如何理解他人、关心他人、帮助他人，如何与人相处，如何摆正个人与集体、个人与社会之间的关系；能够明辨什么是真善美，什么是假恶丑。新时代大学生只有到劳动实践中去改造自己，才能形成正确的世界观、人生观和价值观，从而达到大学生在劳动实践中改造自我的目的。苏霍姆林斯基说："一个人的和谐全面发展、富有教养、精神丰富、道德纯洁——所有这一切，只有当他不仅在智育、德育、美育和体育素养上，而且在劳动素养、劳动创造素养上达到较高阶段时，才能做到。"由此可见，劳动教育不但能丰富个人的道德修养，而且能促使个体形成完美的人格。

劳动教育有利于新时代大学生自我管理、自我约束能力的提高。在劳动过程中，大学生要进行各种服务和管理，要不同程度地和他人、社会打交道，这对大学生来说，既是一种服务他人、教育他人的过程，也是锻炼自己、提升自己的过程。通过劳动，既提高了大学生的实践能力，又挖掘了大学生的潜力，发展了大学生的个性，培养了大学生的创造能力，这对大学生的成长成才是很有必要的。未来社会更是一个创新型社会，它需要每个人都具有创新意识、创新思维、创新能力，这些优秀品质的培养无一能离开劳动来实现。因此，对青年学生加强劳动观教育，让他们习惯劳动、懂得劳动、热爱劳动，对他们终身受益。

## 三、劳动教育是学生走向社会的必要准备

教育与生产劳动相结合是马克思主义教育学说的基本原理之一，也是我国社会主义教育的基本方针之一，随着生产力的不断发展，这又成为现代教育的一个基本特征。青年学生作为最具生命力和最富朝气的群体，是国家的未来和民族的希望，青年辛勤劳动，国家就能兴旺发达；青年好逸恶劳，民族就会衰败落后。从更深层次的意义上看，劳动是大学生学会做人的有效途径，劳动是实施思想品德教育的良好载体，不了解劳动，不会劳动，这样的大学生绝不会

成为受社会欢迎的人。

高等职业教育具有双重属性，它与普通高等教育一样都是培养专门人才的教育。但是，其自身又具有实用性、职业性、前瞻性等特有属性，其中职业性是本质属性，这就决定了在教育观念上高职教育的培养模式必须要以能力为中心，按照社会实际需求设置专业、针对不同专业不断完善大学生的技能培训。高职院校对大学生开展劳动教育是高职学生适应社会需求、贴近岗位、顺利步入社会的必要条件。

一方面，高职学生在世界观、人生观、价值观形成的关键时期，由被动地接受劳动教育向有意识的自觉劳动行为过渡、逐步提高自己的劳动意识，不仅对他们的专业教育，同时对他们未来的职业教育，以及对以后改造客观世界、创造美好未来作贡献都将打下坚实的实践基础。

另一方面，新时代对人才提出了更高的要求：会认知，会做事，会合作，会生存，这些环节的实现无不需要劳动来维系。当前我国全面建成的小康社会是经济更加发达、民主更加健全、科技更加进步、文化更加繁荣、社会更加和谐、人民生活更加殷实的全面发展的社会。经济的持续健康发展，必将对劳动者的劳动素质提出更高要求，必然要求全面提升人的综合素质和深度开发人力资源。作为宝贵的人才资源，高职院校学生将在经济建设中发挥更为重要的作用，这就要求他们必须具备科学的劳动观念、熟练的劳动技能、火热的劳动热情。

加强高职院校学生劳动意识培养，不仅是高职院校学生全面发展的必然要求，也是高职院校贯彻执行党的教育方针，实现培养德、智、体、美、劳全面发展的社会主义建设者和接班人根本任务的必然要求。中华民族要屹立于世界民族之林，年青一代必须继承和发扬热爱劳动的传统美德，树立正确的劳动观，在劳动中教育自我、改变自我、重塑自我，形成吃苦耐劳、热爱劳动、善于劳动的优秀品格。

# 第六节 肩负使命有担当

担当就是指承担责任，是新时代大学生实现成才目标的价值追求。

首先，新时代大学生要坚定不移听党话、跟党走，这是有担当的政治方向。新时代大学生要树立与这个时代主题同心同向的理想信念。坚定不移跟中国共产党走，就是承担中国共产党赋予的使命。换言之，青年人有担当就是要肩负起党赋予的实现“两个一百年”奋斗目标和中国梦的历史责任。

其次，新时代大学生要走在时代前列，这是有担当的坐标方位。新时代是我国发展的新的历史方位，其本质就是中华民族实现强起来的时代，新时代大学生要在感悟新时代、紧跟新时代、引领新时代中珍惜韶华，有所担当，有所作为。

最后，新时代大学生要做一个奋进者、开拓者和奉献者，这是有担当的素质要求。所谓奋进，就是指不畏艰难、勇往直前、奋勇前进。所谓开拓，意为不断扩大和扩展，从小到大地发展。新时代大学生勇做开拓者就是要从点滴做起，不断开辟出人生和事业发展的新境界。奉献是担当的一种境界。

## 一、“中国梦”感召下的新时代大学生现实担当

一个国家的兴旺发达与本国青年的发展状况密不可分，青年强则国强，青年立则国立。当代中国在改革开放的进程中，经济得到了飞速的发展，综合国力也在不断增强，当今的中国正处于历史发展的关键时期。新时代大学生是祖国的希望，是中国特色社会主义事业的建设者和接班人，祖国的未来不仅需要他们来建设，需要他们来开拓，祖国的事业更需要他们来继承光大。实现中华民族伟大复兴的“中国梦”，需要新时代大学生勇于担当，将个人发展和国家的前途命运结合起来，在实现中国梦的过程中实现个人理想，让青春绽放出绚丽的光彩，结出丰硕的果实。

### 1. 新时代大学生要勇于担当

改革开放以来，我国在物质建设方面取得了巨大成就。但是，我们也应该注意中国国情的另一面。中国的现实时时刻刻提醒我们，我国处于并将长期处于社会主义初级阶段，还存在诸多社会问题和矛盾，如东部和中、西部之间，城市和农村之间区域发展不平衡，城乡收入差距较大，科技创新能力还不是很

强等一些社会现实问题，实现中华民族伟大复兴还有更加艰难的路要走。理想是美好的，现实是严峻的，任务是艰巨的。古罗马著名思想家西塞罗说过，“生活的全面高尚寓于对责任的高度重视，生活的耻辱在于对责任的疏忽。”人生活在社会中承担着各种责任，其中最重要的是对社会的责任。新时代大学生要有“天将降大任于斯人”(《孟子》)的历史庄严感和崇高使命感，以大无畏的胆略和气概担负起实现中华民族伟大复兴的艰巨而伟大的任务，做到敢于担当、乐于担当、善于担当。

### 2. 新时代大学生要合理定位

弗罗姆在他的期望理论中指出，“人们只有在预期自己的行动有助于达到某种自己希望达到的目标的情况下，才能得到充分的激励，才会采取行动以达到预期的目标。”实现中国梦的美好愿景并不是单靠一腔热血就可以实现的，认识不正确，方位不准确，努力就会适得其反。新时代大学生只有在中国共产党的领导下，培育和践行社会主义核心价值观，才能正确理解“和平崛起”和“中国梦”的内涵，才能寻求到努力的方向，才不会走弯路、走岔路，才不会做无用功，从而找到实现“中国梦”持续奋斗的精神动力。

### 3. 新时代大学生要开拓进取

中国以持续的高质量发展和伟大的建设成就日益走近世界舞台中央，中国以解决难题、应对危机的连续不断的改革赢得了世界的理解与尊重。放眼全球，展望未来，我国现在已进入复兴伟业中最关键、最艰难、最复杂的时期，在这个阶段，如何突破旧的思维定式，如何安全渡过改革的深水区，关系到我国未来的发展方向和建设成果。在全面深化改革的过程中，新时代大学生要发扬敢为天下先的精神，做到敢于挑战困难，敢于突破藩篱，勇于创新，开拓进取，不拘一格，只有这样，中华民族伟大复兴的中国梦才能顺利实现。

### 4. 新时代大学生要全面发展

人的全面发展，是马克思主义关于社会发展的最高目标，这既是人类不懈追求的理想，也是社会发展进步的基础。随着改革开放的不断深入，中国正以更加积极的姿态融入国际社会中，同时，信息技术的不断扩展，激烈的竞争以及广泛的社会流动，社会充满了机遇和挑战。如何有效把握机遇，驾驭现代环境并且有所作为，成为摆在新时代大学生面前的现实问题。新时代大学生必须具有适应时代不断进步的能力；必须具有不断学习、追求事物本质的能力；必须具有提高分析问题和解决问题的能力；同时，还要具有创新的能力。所有这些能力都是新时代大学生必不可缺的能力，只有具备这些综合能力，才能说具备了建设新时代中国特色社会主义现代化强国的本领，才可以在人生的广阔舞台上充分发挥自己的聪明才智。

## 二、“中国梦”感召下的新时代大学生历史重任

实现中华民族伟大复兴的道路是一条艰难曲折的道路，新时代大学生如何建设这个伟大工程，又如何充分发挥其生力军作用，这就要求新时代大学生在明确其实现“中国梦”过程中责任担当的同时，通过自身努力，以自觉的行为将自己锻造成实现“中国梦”的主体。

### 1. 提高道德素质，弘扬爱国精神

大学生是国家最宝贵的人才资源、智力资源和发展资源，“中国梦”的实现需要大学生具备良好的道德素质。以爱国主义为核心的民族精神正是反映了个人道德素质的国家表现。爱国精神起源于中华文明传统，积淀于中华民族不断克服危机的艰苦历程中，是近代以来我国从救亡图存走向繁荣富强的强大动力，它动员和感召了无数先进青年为实现中华民族伟大复兴而不断地奋斗，是整个民族精气神的重要体现。将“中国梦”的宣传教育贯穿于高校教育教学全过程，做到“中国梦”进教材、进课堂、进学生头脑是提高新时代大学生道德素养的重要举措。

### 2. 树立终身学习的理念，不断增强“逐梦”能力

科教兴国和人才强国是当代中国面向现代化、面向世界、面向未来，加快中国特色社会主义现代化建设的两项重大战略任务。这两大战略任务不仅表现了科教与人才在兴国、强国进程中的重要性，而且也表明了中国特色社会主义现代化建设的趋势。随着新领域、新技术、新知识的不断问世，青年学生更应该在社会发展中始终保持旺盛的求知欲，培养终身学习的习惯，不但学好专业知识，还要主动学习当今世界最先进的科学文化知识，及时更新知识储备，努力优化知识结构，拓宽眼界和视野，提升个人文化素质和修养，增强认识世界、改造世界的能力。

### 3. 提高创新意识，勇于突破旧观念的藩篱

新时代大学生作为国家发展的未来，提高自身的创新意识和能力对社会和

国家建设具有重要意义。这就要求青年学生在日常生活中以追逐中国梦为己任，不断解放思想，不断把所学的新技术、新知识、新方法应用到生活、工作、学习中，让生活、工作、学习充满创新的氛围和环境。同时，课外的实践活动，更能扩展大学生的视野，丰富大学生的生活，创新大学生的思维。

**4. 发扬实干精神，为实现“中国梦”而努力奋斗**

空谈误国，实干兴邦。实现“中国梦”，要求新时代大学生首先把自己的事情做好，把自己的路走实、走稳、走好。新时代大学生只有脚踏实地，埋头苦干，才能开辟出一条自我成才的康庄大道。今天，我们的目标既定、任务既明，关键在于落实，在于每个人都进行扎扎实实的努力。如果青年学生觉得中国梦遥遥无期，中国梦工程巨大、难以实现，心有余而力不足、不愿奋斗，那么中国梦只能是空中楼阁。相反，如果每个人都深知自己是实现“中国梦”的重要一员，把个人的奋斗融入中国梦之中，发扬创新实干精神，为实现中国梦而不断奋斗，“中国梦”就必定能够实现。

**5. 积极参与社会实践，不断提高解决问题的能力**

“中国梦”教育的要义之一就在于将个人的梦想融入国家的梦想，实现个人全面发展与中华民族伟大复兴中国梦的有机统一。新时代大学生是践行中国梦的具体承载者，如果光有满腹诗书，而缺乏解决问题的实际能力，那只能流于纸上谈兵，于事无补，甚至导致空谈误国的严重后果；如果单有埋头苦干的精神，而缺乏创新创造的见地和才能，那只能事倍功半，造成个人才能和社会资源的巨大浪费。青年学生只有积极参与和投入实现中国梦的时代洪流，在实践中不断提高发现问题、分析问题、解决问题的能力，才能不断适应飞速发展的中国社会，才能在社会主义现代化建设中发挥更大的作用，才能实现个人的抱负和理想，才能尽自己最大的努力去实现中国梦。

万丈高楼平地起，“九层之台，起于累土”（《老子》）。“中国梦”不仅是集体与个体的统一，而且是历史与现实的统一，二者共同彰显着中国梦的历史价值和内涵。实现“中国梦”需要每个人踏踏实实的行动。作为一名新时代大学生，要用“中国梦”深化和丰富自己的价值观，用爱国主义精神提升自己的价值情怀，用扎实的专业知识提升自身的技能。只有这样，才能在步入社会之后志存高远，脚踏实地，在实现伟大复兴“中国梦”的征程中实现个人价值。

## 思考与练习

1. 新时代大学生如何践行文明礼仪？
2. 简述如何认识自己，提高自己。
3. 谈谈端正学习态度的重要性。
4. 谈谈你对刻苦学习的认识。
5. 如何养成良好的生活习惯？
6. 如何才能拥有健康的体魄？
7. 简述美育的作用。
8. 简述你对劳动教育的认识。
9. 谈谈你对“青年一代有理想、有本领、有担当，国家就有前途，民族就有希望”的理解。
10. 新时代大学生如何做到有担当？
11. 谈谈新时代大学生如何才能建功立业。

# 附　录

## 附录一　《礼记》简介

《礼记》又名《小戴礼记》《小戴记》，成书于汉代，为西汉礼学家戴圣所编。《礼记》是中国古代一部重要的典章制度选集，共二十卷四十九篇，书中内容主要描述先秦的礼制，体现了先秦儒家的哲学思想(如天道观、宇宙观、人生观)、教育思想(如个人修身、教育制度、教学方法、学校管理)、政治思想(如以教化政、大同社会、礼制与刑律)、美学思想(如物动心感说、礼乐中和说)，是研究先秦社会的重要资料，是一部儒家思想的资料汇编。

《礼记》章法谨严，映带生姿，文辞婉转，前后呼应，语言整饬而多变，是“三礼”之一、“五经”之一、“十三经”之一。自东汉郑玄作“注”后，《礼记》地位日升，至唐代时尊为“经”，宋代以后，位居“三礼”之首。《礼记》中记载的古代文化史知识及思想学说，对儒家文化传承、当代文化教育和德性教养，以及和谐社会建设有重要影响。

### 一、主要内容

《礼记》原本四十六篇，始于《曲礼》，终于《丧服四制》，但因《曲礼》《檀弓》《杂记》三篇内容过长，所以大多版本将其分为上下篇，故有四十九篇之说。

《礼记》按照所述内容可分为四类：

(1) 记礼节条文，补他书所不备，如《曲礼》《檀弓》《玉藻》《丧服小记》《大传》《少仪》《杂记》《丧大记》《奔丧》《投壶》等。

(2) 阐述周礼的意义，如《曾子问》《礼运》《礼器》《郊特牲》《内则》《学记》《乐记》《祭法》《祭义》《祭统》《经解》《哀公问》《仲尼燕居》《孔子闲居》《坊记》《中庸》《表记》《缁衣》《问丧》《服问》《间传》《三年问》《儒行》《大学》《丧服四制》等。

(3) 解释《仪礼》之专篇，如《冠义》《昏义》《乡饮酒义》《射义》《燕义》《聘义》等。

(4) 专记某项制度和政令，如《王制》《月令》《文王世子》《明堂位》等。

## 二、成书过程

据传为孔子的七十二弟子及其学生们所作，西汉礼学家戴圣所编。孔子教授弟子的《诗》《书》《礼》《乐》《易》《春秋》“六经”，是中国古典文化中最高哲理的载体，但是文古义奥，不易通读，因而多做解读以辅助理解。六经中的《礼》，后来称《仪礼》，主要记载周代的冠、婚、丧、祭诸礼的“礼法”，受体例限制，几乎不涉及仪式背后的“礼义”。而不了解礼义，仪式就成了毫无价值的虚礼。所以，七十子后学在习礼的过程中，撰写了大量阐发经义的论文，总称之为“记”，属于《仪礼》的附庸。秦始皇焚书坑儒后，西汉能见到的用先秦古文撰写的“记”依然不少，《汉书・艺文志》所载就有“百三十一篇”。

《隋书・经籍志》记载，这批文献是河间献王从民间征集所得，刘向考校经籍时，又得到《明堂阴阳记》《孔子三朝记》《王史氏记》《乐记》等数十篇，总数增至二百十四篇。由于《记》的数量太多，加之精粗不一，到了东汉，社会上出现了两种选辑本，一是戴德的八十五篇本，习称《大戴礼记》；二是戴德的侄子戴圣的四十九篇本，习称《小戴礼记》。《大戴礼记》流传不广，北周卢辩曾为之作注，但颓势依旧，到唐代已亡佚大半，仅存三十九篇，《隋书》《唐书》《宋书》等史乘的《经籍志》甚至不予著录。《小戴礼记》则由于郑玄为之作了出色的注，而风光无限，畅行于世，故后人径称之为《礼记》。

## 三、价值影响

(1) 《礼记》中的许多篇章，是中国文化史上彪炳千古的典范。

(2) 《礼记》的许多章节，高扬仁爱、正义、爱国，反对不义之政等进步思想，影响深远。

(3) 书中大量记载了包括称谓、辞令、服饰、家教、尊老、丧祭、教化、礼俗等在内的古代文化史知识，几乎涉及社会生活的所有方面，对于读古书，传承中华文明，是难得的文化宝库。

(4) 《礼记》在儒家经典体系中占有重要地位，《礼记》在曹魏时期升格为“经”，并在唐代进一步升格为“五经”之一，取代了《仪礼》的地位；《礼记》

中的《大学》《中庸》两篇与《论语》《孟子》并列，被尊为“四书”之一。

(5) 在儒家“十三经”中，《礼记》一书最集中、最全面、最系统地记述、阐释了儒家思想学说的核心内容。

(6)《礼记·礼运》中，孔子与其弟子子游以答问的形式提出了著名的“大同”社会理想，并进而说明“天下为公”是大同社会的特征；而礼制则是“小康”社会的纲纪，影响了中国近代社会政治建设。

(7)《礼记》许多篇章从不同的角度阐述了儒家礼乐文化“和”的精神及其重要意义。《礼记·儒行》明确提出：“礼之以和为贵。”这种“贵和”的价值取向有利于和谐社会的建设。

(8) 中国当代许多大学从《礼记》中，借用一些名言警句作为校训。如河南大学校训为“明德新民，止于至善”，厦门大学校训为“自强不息，止于至善”，东南大学校训为“止于至善”，复旦大学校训为“博学而笃志，切问而近思”等，这些校训影响着大学办学理念和价值取向，影响着当代文化教育和德性教养。

(9)《礼记》较为完整地反映了先秦至两汉时期的社会、政治、文化背景和家庭结构状况，并且对家庭成员之间的关系和行为规范进行了详细的解读，形成的独具特色的家庭伦理规范，指导着当代伦理道德。

(10)《礼记·乐记》中“中和”的美学思想影响着人们的审美取向。它主要通过音乐的本质和作用使人们的心理和精神达到平和，让人与人之间和睦相处、人与自然之间和谐共存。

# 附录二　《大学》简介

《大学》是一篇论述儒家修身治国平天下思想的散文，原是《小戴礼记》第四十二篇，相传为曾子所作，实为秦汉时儒家作品，是一部中国古代讨论教育理论的重要著作。经北宋程颢、程颐竭力尊崇，南宋朱熹又作《大学章句》，最终和《中庸》《论语》《孟子》并称“四书”。宋、元以后，《大学》成为学校官定的教科书和科举考试的必读书，对中国古代教育产生了极大的影响。

《大学》提出的“三纲领”(明明德、亲民、止于至善)和“八条目”(格物、致知、诚意、正心、修身、齐家、治国、平天下)，强调修己是治人的前提，修己的目的是治国平天下，说明治国平天下和个人道德修养的一致性。

《大学》全文文辞简约，内涵深刻，影响深远，主要概括总结了先秦儒家道德修养理论，以及关于道德修养的基本原则和方法，对儒家政治哲学也有系统的论述，对做人、处事、治国等有深刻的启迪性。

## 大学(《礼记·大学》古本)

大学之道，在明明德，在亲民，在止于至善。知止而后有定，定而后能静，静而后能安，安而后能虑，虑而后能得。物有本末，事有终始。知所先后，则近道矣。

古之欲明明德于天下者，先治其国。欲治其国者，先齐其家。欲齐其家者，先修其身。欲修其身者，先正其心。欲正其心者，先诚其意。欲诚其意者，先致其知。致知在格物。物格而后知至，知至而后意诚，意诚而后心正，心正而后身修，身修而后家齐，家齐而后国治，国治而后天下平。

自天子以至于庶人，壹是皆以修身为本。其本乱而末治者否矣。其所厚者薄，而其所薄者厚，未之有也。此谓知本，此谓知之至也。

所谓诚其意者，毋自欺也。如恶恶臭，如好好色，此之谓自谦。故君子必慎其独也。小人闲居为不善，无所不至，见君子而后厌然，掩其不善而著其善。人之视己，如见其肺肝然，则何益矣。此谓诚于中，形于外，故君子必慎其独也。曾子曰：“十目所视，十手所指，其严乎！”富润屋，德润身，心广体胖，故君子必诚其意。

《诗》云：“瞻彼淇澳，菉竹猗猗。有斐君子，如切如磋，如琢如磨。瑟兮僩兮，赫兮喧兮。有斐君子，终不可喧兮。”“如切如磋”者，道学也。“如琢如磨”者，自修也。“瑟兮僩兮”者，恂傈也。“赫兮喧兮”者，威仪也。“有斐君子，终不可喧兮”者，道盛德至善，民之不能忘也。《诗》云：“於戏，前王不忘！”君子贤其贤而亲其亲，小人乐其乐而利其利，此以没世不忘也。《康诰》曰：“克明德。”《大甲》曰：“顾諟天之明命。”《帝典》曰：“克明峻德。”皆自明也。汤之《盘铭》曰：“苟日新，日日新，又日新。”《康诰》曰：“作新民。”《诗》曰：“周虽旧邦，其命维新。”是故君子无所不用其极。《诗》云：“邦畿千里，维民所止。”《诗》云：“缗蛮黄鸟，止于丘隅。”子曰：“于止，知其所止，可以人而不如鸟乎？”《诗》云：“穆穆文王，於缉熙敬止！”为人君，止于仁；为人臣，止于敬；为人子，止于孝；为人父，止于慈；与国人交，止于信。子曰：“听讼，吾犹人也。必也使无讼乎！”无情者不得尽其辞，大畏民志。此谓知本。

所谓修身在正其心者，身有所忿懥，则不得其正，有所恐惧，则不得其正，有所好乐，则不得其正，有所忧患，则不得其正。心不在焉，视而不见，听而不闻，食而不知其味。此谓修身在正其心。

所谓齐其家在修其身者，人之其所亲爱而辟焉，之其所贱恶而辟焉，之其所畏敬而辟焉，之其所哀矜而辟焉，之其所敖惰而辟焉。故好而知其恶，恶而知其美者，天下鲜矣。故谚有之曰：“人莫知其子之恶，莫知其苗之硕。”此谓身不修，不可以齐其家。

所谓治国必先齐其家者，其家不可教而能教人者，无之。故君子不出家而成教于国。孝者，所以事君也；弟者，所以事长也；慈者，所以使众也。《康诰》曰：“如保赤子。”心诚求之，虽不中，不远矣。未有学养子而后嫁者也。一家仁，一国兴仁；一家让，一国兴让；一人贪戾，一国作乱，其机如此。此谓一言偾事，一人定国。尧、舜率天下以仁，而民从之。桀、纣率天下以暴，而民从之。其所令反其所好，而民不从。是故君子有诸己而后求诸人，无诸己而后非诸人。所藏乎身不恕，而能喻诸人者，未之有也。故治国在齐其家。《诗》云：“桃之夭夭，其叶蓁蓁。之子于归，宜其家人。”宜其家人，而后可以教国人。《诗》云：“宜兄宜弟。”宜兄宜弟，而后可以教国人。《诗》云：“其仪不忒，正是四国。”其为父子兄弟足法，而后民法之也。此谓治国在齐其家。

所谓平天下在治其国者，上老老而民兴孝，上长长而民兴弟，上恤孤而民不倍，是以君子有絜矩之道也。所恶于上，毋以使下，所恶于下，毋以事上；所恶于前，毋以先后；所恶于后，毋以从前；所恶于右，毋以交于左；所恶于左，毋以交于右；此之谓絜矩之道。《诗》云："乐只君子，民之父母。"民之所好好之，民之所恶恶之，此之谓民之父母。《诗》云："节彼南山，维石岩岩。赫赫师尹，民具尔瞻。"有国者不可以不慎，辟，则为天下僇矣。《诗》云："殷之未丧师，克配上帝。仪监于殷，峻命不易。"道得众则得国，失众则失国。

是故君子先慎乎德。有德此有人，有人此有土，有土此有财，有财此有用。德者本也，财者末也。外本内末，争民施夺。是故财聚则民散，财散则民聚。是故言悖而出者，亦悖而入；货悖而入者，亦悖而出。《康诰》曰："惟命不于常。"道善则得之，不善则失之矣。《楚书》曰："楚国无以为宝，惟善以为宝。"舅犯曰："亡人无以为宝，仁亲以为宝。"

《秦誓》曰："若有一介臣，断断兮无他技，其心休休焉，其如有容焉。人之有技，若己有之；人之彦圣，其心好之，不啻若自其口出。实能容之，以能保我子孙黎民，尚亦有利哉！人之有技，媢疾以恶之；人之彦圣，而违之俾不通：实不能容，以不能保我子孙黎民，亦曰殆哉！"唯仁人放流之，迸诸四夷，不与同中国。此谓唯仁人为能爱人，能恶人。见贤而不能举，举而不能先，命也；见不善而不能退，退而不能远，过也。好人之所恶，恶人之所好，是谓拂人之性，菑必逮夫身。是故君子有大道，必忠信以得之，骄泰以失之。

生财有大道，生之者众，食之者寡，为之者疾，用之者舒，则财恒足矣。仁者以财发身，不仁者以身发财。未有上好仁而下不好义者也，未有好义其事不终者也，未有府库财非其财者也。孟献子曰："畜马乘，不察于鸡豚；伐冰之家，不畜牛羊；百乘之家，不畜聚敛之臣。与其有聚敛之臣，宁有盗臣。"此谓国不以利为利，以义为利也。长国家而务财用者，必自小人矣。彼为善之，小人之使为国家，灾害并至。虽有善者，亦无如之何矣！此谓国不以利为利，以义为利也。

# 附录三 《论语》简介

《论语》是孔子及其弟子的语录结集，由孔子弟子及再传弟子编写而成，至战国前期成书。全书共 20 篇，以语录体为主，叙事体为辅，主要记录孔子及其弟子的言行，较为集中地体现了孔子的政治主张、伦理思想、道德观念及教育原则等。此书是儒家学派的经典著作之一，与《大学》《中庸》《孟子》并称“四书”，再加上《诗经》《尚书》《礼记》《周易》《春秋》，总称“四书五经”。

## 一、主要内容

《论语》是儒家学派的经典著作之一，是一部以记言为主的语录体散文集，主要以语录和对话文体的形式记录了孔子及其弟子的言行，集中体现了孔子的政治、审美、道德伦理和功利等价值思想。《论语》内容涉及政治、教育、文学、哲学以及立身处世的道理等多方面。早在春秋后期孔子设坛讲学时期，其主体内容就已初始创成；孔子去世以后，他的弟子和再传弟子代代传授他的言论，并逐渐将这些口头记诵的语录言行记录下来，因此称为“论”；《论语》主要记载孔子及其弟子的言行，因此称为“语”。清朝赵翼解释说：“语者，圣人之语言，论者，诸儒之讨论也。”其实，“论”又有纂的意思，所谓《论语》，是指将孔子及其弟子的言行记载下来编纂成书。现存《论语》20 篇，记录了孔子与弟子及时人谈论之语和孔门弟子相互谈论之语。

作为儒家学派经典著作的《论语》，其内容博大精深，包罗万象，《论语》的思想主要有三个既各自独立又紧密相依的范畴：伦理道德范畴——仁，社会政治范畴——礼，认识方法论范畴——中庸。仁，首先是人内心深处的一种真实的状态，折中真的极致必然是善的，这种真和善就是“仁”。孔子确立的仁的范畴，进而将礼阐述为适应于仁、表达仁的一种合理的社会关系与待人接物的规范，进而明确“中庸”的系统方法论原则。“仁”是《论语》的思想核心。

《论语》多为语录，但都辞约义富，有些语句、篇章形象生动。

孔子是《论语》描述的中心，“夫子风采，溢于格言”(《文心雕龙·征圣》)；书中不仅有关于他的仪态举止的静态描写，而且有关于他的个性气质的传神刻画。此外，围绕孔子这一中心，《论语》还成功地刻画了一些孔门弟子的形象。如子路的率直鲁莽，颜回的温雅贤良，子贡的聪颖善辩，曾皙的潇洒脱俗，等等，都称得上个性鲜明，能给人留下深刻印象。孔子因材施教，对于不同的对象，考虑其不同的文化素质、优点和缺点、进德修业的具体情况，给予不同的教诲，表现了诲人不倦的可贵精神。据《颜渊》记载，同是弟子问仁，孔子有不同的回答，答颜渊“克己复礼为仁”(为仁的表现之一为克己复礼，有所不为)；答仲弓“己所不欲，勿施于人”(就己与他人之间的关系，以欲施作答，欲是个人的主观能动性之取舍，施是个人主观能动性的实践，用好心坏心来说，要防止好心办坏事，就要慎施)；答司马牛“仁者，其言也讱”。颜渊学养高深，故答以“仁”学纲领，对仲弓和司马牛则答以细目。又如，孔子答子路：“又父兄在，如之何其闻斯行之！”因为“由也兼人，故退之。”答冉有：“闻斯行之。”因为“求也退，故进之。”这不仅是因材施教的教育方法，其中还饱含孔子对弟子高度的责任心！

《论语》的主要特点是语言简练，用意深远，有一种雍容和顺、纡徐含蓄的风格。还有就是在简单的对话和行动中展示人物形象，同时语言浅近易懂，接近口语，也是一个特点。

## 二、后世影响

《论语》自汉武帝“罢黜百家，独尊儒术”之后，被尊为“五经之管辖，六艺之喉衿”，是研究孔子及儒家思想尤其是原始儒家思想的第一手资料。南宋时朱熹将《大学》《中庸》《论语》《孟子》合为“四书”，使之在儒家经典中的地位日益提高。元代延祐年间，科举开始以“四书”开科取士。此后一直到清朝末年推行洋务运动，废除科举之前，《论语》一直是学子士人推施奉行的金科玉律。

《论语》进入经书之列是在唐代。到唐代，礼有《周礼》《仪礼》《礼记》，春秋有《左传》《公羊》《谷梁》，加上《论语》《尔雅》《孝经》，称为十三经。

北宋政治家赵普曾有“半部《论语》治天下”之说。这从另一个侧面反映出此书在中国古代社会所发挥的作用与影响。

# 附录四 丝绸之路简介

丝绸之路，简称丝路，是古代连接中西方的商道，一般指陆上丝绸之路，广义上讲又分为陆上丝绸之路和海上丝绸之路。

陆上丝绸之路起源于西汉，汉武帝派张骞出使西域开辟的以首都长安(今西安)为起点，经甘肃、新疆，到中亚、西亚，并连接地中海各国的陆上通道。它的最初作用是运输中国古代生产的丝绸。1877 年，德国地质地理学家李希霍芬在其著作《中国》一书中，把“从公元前 114 年至公元 127 年间，中国与中亚、中国与印度间以丝绸贸易为媒介的这条西域交通道路”命名为“丝绸之路”，这一名词很快被学术界和大众所接受，并正式运用。其后，德国历史学家郝尔曼在 20 世纪初出版的《中国与叙利亚之间的古代丝绸之路》一书中，根据新发现的文物考古资料，进一步把丝绸之路延伸到地中海西岸和小亚细亚，确定了丝绸之路的基本内涵，即它是中国古代经过中亚通往南亚、西亚以及欧洲、北非的陆上贸易交往的通道。

随着时代发展，丝绸之路成为古代中国与西方政治、经济、文化往来通道的统称。有西汉张骞开通西域的官方通道“西北丝绸之路”；有北向蒙古高原，再西行天山北麓进入中亚的“草原丝绸之路”；有长安到成都再到印度的山道崎岖的“西南丝绸之路”；还有从广州、泉州、杭州、扬州等沿海城市出发，从南洋到阿拉伯海，甚至远达非洲东海岸的海上贸易的“海上丝绸之路”等。

传统的丝绸之路，起自中国古代都城长安，经中亚国家、阿富汗、伊朗、伊拉克、叙利亚等地到达地中海，以罗马为终点，全长 6440 千米。这条路被认为是连接亚欧大陆的古代东西方文明的交汇之路，而丝绸则是最具代表性的货物。两千年来，游牧民族或部落、商人、教徒、外交家、士兵和学术考察者都曾沿着丝绸之路活动。

草原丝绸之路是指蒙古草原地带沟通欧亚大陆的商贸大通道，是丝绸之路的重要组成部分。作为当时游牧文化交流的动脉，其由中原地区向北越过古阴山(今大青山)、燕山一带的长城沿线，西北穿越蒙古高原、南俄草原、中西亚北部，直达地中海北陆的欧洲地区。

南方陆上丝路即“蜀身毒道”，因穿行于横断山区，又称高山峡谷丝路。大约公元前 4 世纪，中原群雄割据，蜀地(今川西平原)与身毒(印度的古译名之一)间开辟了一条丝路，延续两个多世纪尚未被中原人所知，所以有人称它为秘密丝路。直至张骞出使西域，在大夏(中亚和南亚次大陆西北部的古国名)发现蜀布、邛竹杖系由身毒转贩而来，他向汉武帝报告后，元狩元年(公元前 122 年)汉武帝派张骞打通“蜀身毒道”。先后从犍为(今宜宾)派人分五路寻迹。一路出駹(今茂汶)，二路出徙(今天全)，三路出莋(今汉源)，四路出邛(今西昌)，五路出僰(今宜宾西南)。使者分别在氐、莋、昆明受阻。汉武帝为征服西南夷，在长安西南凿周长 40 里昆明池，习水军以征伐，后由郭昌率数万巴蜀兵平定西南夷，并分土置郡县。

南方陆上丝路延续 2000 多年，特别是抗日战争期间，大后方出海通道被切断，沿丝路西南道开辟的滇缅公路、中印公路运输空前繁忙，成为支援后方的生命线。

海上丝绸之路是古代中国与外国交通贸易和文化交往的海上通道，该路主要以南海为中心，所以又称南海丝绸之路。海上丝绸之路形成于秦汉时期，发展于三国至隋朝时期，繁荣于唐宋时期，转变于明清时期，是已知的最为古老的海上航线。

2013 年 9 月 7 日，中国国家主席习近平在哈萨克斯坦纳扎尔巴耶夫大学发表题为《弘扬人民友谊共创美好未来》的重要演讲，盛赞中哈传统友好，全面阐述中国对中亚国家睦邻友好合作政策，倡议用创新的合作模式，共同建设“丝绸之路经济带”，将其作为一项造福沿途各国人民的事业。

2014 年 6 月 22 日，中、哈、吉三国联合申报的陆上丝绸之路的东段“丝绸之路：长安——天山廊道的路网”成功申报为世界文化遗产，成为首例跨国合作而成功申遗的项目。

2015 年 3 月 28 日，国家发展改革委、外交部、商务部联合发布了《推动共建丝绸之路经济带和 21 世纪海上丝绸之路的愿景与行动》。

# 附录五 中国传统节日简介

中国传统节日，形式多样、内容丰富，是中华民族悠久历史文化的重要组成部分。传统节日的形成，是一个民族或国家的历史文化长期积淀凝聚的过程。中华民族的古老传统节日，涵盖了原始信仰、祭祀文化、天文历法、易理术数等人文与自然文化内容，蕴含着深邃丰厚的文化内涵。从远古先民时期发展而来的中华传统节日，清晰地记录着中华民族先民丰富而多彩的社会生活文化内容，积淀着博大精深的历史文化内涵。

中国的传统节日主要有春节(正月初一)、元宵节(正月十五)、龙抬头(二月二)、清明节(公历 4 月 4～6 日)、端午节(五月初五)、七夕节(七月初七)、中秋节(八月十五)、重阳节(九月初九)、冬至节(公历 12 月 21～23 日)、除夕(年尾最后一天)等。

另外，二十四节气中，也有个别既是自然节气点也是传统节日，如清明、冬至等，这些节日兼具自然与人文两大内涵。此外，中国各少数民族也都保留着自己的传统节日，如傣族的泼水节、蒙古族的那达慕大会、彝族的火把节、瑶族的达努节、白族的三月街、壮族的歌圩、藏族的藏历年和望果节、苗族的跳花节等。

传统节日是传承优秀历史文化的重要载体，使人们在节日中增长知识，受到教益，有助于彰显文化、弘扬美德、陶冶情操、继承传统。传统节日是人类文明进化发展的产物，大部分节日习俗在上古时代就已初露端倪。传统节日的形成过程，是中华民族历史文化沉淀凝聚的过程。《春秋命历序》：“天地开辟，万物浑浑，无知无识；阴阳所凭……日月五纬俱起牵牛；四万五千年，日月五纬一轮转；……定天之象，法地之仪，作干支以定日月度。”上古干支历法的制定为节日产生提供了先决条件。在历史发展演变中，朝代更迭，古代历法变动极大，前后共出现过 102 部历法，有些“传统节日”的古今具体日期其实并不相同。在中华民族历史上，曾诞生过许多节日，有的留存至今，有的半路“走失”。

# 参 考 文 献

[1] 徐昂，孙祥来. 高职院校学生文明礼仪现状及教育策略研究[J]. 文学教育(上)，2019(7)：180-181.

[2] 朱桂湖. 大学生礼仪缺失的原因及教育对策探讨[J]. 江西电力职业技术学院学报，2018，31(6)：161-162.

[3] 王楠. 试论对当代大学生开展文明礼仪教育[J]. 赤峰学院学报，2018(3)：133-135.

[4] 姜霖. 对高校学生文明礼仪修养缺失现状的反思[J]. 教育教学论坛，2015(15)：180-181.

[5] 潘富赟. 浅谈当代大学生的文明礼仪教育[J]. 才智，2015(30)：202-203.

[6] 王爱民，刘琳琳. 大学生文明礼仪缺失原因及对策探讨[J]. 卫生职业教育，2013(13)：11-13.

[7] 龚丽娟. 大学生文明礼仪教育之我见[J]. 世纪桥，2010(7)：79-80.

[8] 刘永希. 以文明礼仪教育为载体培育社会主义核心价值观[J]. 当代教育实践与教学研究，2018(4)：218-219.

[9] 刘燕. 大学生良好行为规范的培养[J]. 高校理论战线，2012(5)：47-49.

[10] 黄进，金燕. 友善三论[J]. 江苏社会科学，2015(6)：7-11.

[11] 黄娟. 社会主义核心价值观的生态维度：生态文明新时代的核心价值观[J]. 思想教育研究，2015(2)，31-35.

[12] 黄明理. 友善之为社会主义核心价值观论析[J]. 广西大学学报(哲学社会科学版)，2015(5)：29-36.

[13] 黄明理，王利军. 论公民道德知行关系张力的客观性与调适[J]. 南京师大学报(社会科学版)，2014(3)：5-12.

[14] 简臻锐，付琪琳. 大学生人际信任及其影响因素研究[J]. 中国青年研究，2014(7)：5-12.

[15] 江传月. 论阻碍友善价值观培育与践行的落后观念及其摒弃[J]. 思想政治研究，2016(9)：97-100.

[16] 金燕. 从精神至上到理性凸显：建国以来青年友善价值观变迁轨迹探微[J]. 中国青年研究，2016(2)：115-119.

7] 李诗夏. 大学生榜样教育：践行社会主义核心价值观的新路径[J]. 学习与

实践，2016(12)：81-85.
[18] 陈肖威. 如何引导大学生建立网络文明行为规范[J]. 商品与质量，2011(7)：230.
[19] 王海波，王文生，刘龙材. 当代大学生网络生活方式的现状调查与分析[J]. 长春理工大学学报，2011(6)：97-98.
[20] 谢天长，何炜玮，陈晗婧. 网络语言暴力治理的法律对策[J]. 云南警官学院学报，2015(4)：96-101.
[21] 戴昭铭. 规范语言学初探[J]. 语文建设，1989(3)：6.
[22] 河南省职业技术教育教学研究室. 礼仪[M]. 北京：电子工业出版社，2014.
[23] 吴新红. 商务礼仪[M]. 北京：化学工业出版社，2006.
[24] 陈蕾，朱庆宝，吴伟英. 现代礼仪[M]. 昆明：云南科技出版社，2013.
[25] 金正昆. 校园礼仪[M]. 北京：中国人民大学出版社，2018.
[26] 金正昆. 社交礼仪教程[M]. 北京：中国人民大学出版社，2011.
[27] 张朝辉. 礼仪规范教程[M]. 北京：高等教育出版社，2018.
[28] 吕维霞，刘彦波. 商务礼仪[M]. 北京：清华大学出版社，2007.
[29] 赵金金. 学生礼仪知识手册[M]. 西安：太白文艺出版社，2010.
[30] 王小锡，姜晶华. 中国传统文明礼仪读本[M]. 南京：江苏人民出版社，2018.
[31] 吕艳芝，等. 公务礼仪标准培训[M]. 北京：中国纺织出版社，2012.
[32] 鲍秀芬. 现代社交礼仪修养[M]. 北京：机械工业出版社，2011.
[33] 吴毅安. 当代大学生网络行为规范的研究[D]. 西安：西安科技大学，2013.
[34] 申小龙. 汉语与中国文化[M]. 上海：复旦大学出版社，2014.
[35] 郭锦桴. 汉语与中国传统文化[M]. 北京：商务印书馆，2010.
[36] 李晓红，张晋江，于兰. 现代礼仪规范教程[M]. 长春：东北师范大学出版社，2015.
[37] 李荣建. 社交礼仪[M]. 北京：清华大学出版社，2007.
[38] 方尤瑜. 秘书礼仪[M]. 北京：中国人民大学出版社，2011.
[39] 汪彤彤. 职场礼仪[M]. 大连：大连理工大学出版社，2011.
[40] 何自然，冉永平. 新编语用学教程[M]. 北京：北京大学出
[41] 李益长. 秘书口语交际[M]. 北京：教育科学出版社，